ÉTVDES

REVUE DE CULTURE CONTEMPORAINE

REVUE MENSUELLE FONDÉE EN 1856
PAR DES PÈRES DE LA COMPAGNIE DE JÉSUS

14, rue d'Assas – 75006 Paris – France
Courriel : abonnements.etudes@ser-sa.com
Le numéro : 13,50 € – Numéros anciens : même tarif

Site internet : www.revue-etudes.com
Archives depuis 1856 consultables à partir de notre site

Revue éditée par la SER-SA (principaux actionnaires : Assas Éditions, Bayard Presse)
Président du conseil d'administration et directeur de la publication :
Thierry Lamboley, s.j. – Directrice générale : Anne-Claire Marion

Publiée avec le concours du Centre national du livre (CNL)
Dans ce numéro, deux encarts posés (CCFD et SER)
Fabrication et PAO : SER / Imprimé en Espagne par Factory Books and Magazines SL – Avenida de la Vía Láctea, 1
2ª Planta – Edificio Augusta – 28830 San Fernando de Henares (Madrid)
CPPAP : 0527 D 81595 ISSN : 0014-1941
Dépôt légal à parution. Réf. 4332

Pays de provenance du papier : Espagne
Taux de fibres recyclées : 0 %
Origine des fibres : papiers issus de forêts gérées durablement
Impact sur l'eau : Ptot 0,020 kg/T

PEFC
PEFC-14-38-00257

LE TRI FACILE

5 **ÉDITORIAL** *de Nathalie Sarthou-Lajus*
L'esprit d'une loi

International

7 **Un vide juridique intersidéral ?**
Entretien avec Samantha Besson
Le droit international de l'espace est en crise. L'interprétation des principes de non-appropriation et de patrimoine commun de l'humanité est contestée. Certains États cherchent à orienter cette interprétation de manière à favoriser l'exploitation commerciale des corps célestes.

17 **La neutralité religieuse en péril aux États-Unis**
Sébastien Natroll
La défense de la « liberté religieuse » devient un sujet dominant de la Cour suprême américaine. Le Premier amendement garantit la neutralité religieuse de l'État fédéral. Certains États fédérés semblent se diriger vers la promotion d'options religieuses particulières.

27 **CHRONIQUE** *de Thomas Gomart*
Les Européens face à la « question russe »

Société

29 **Une vie consacrée au combat pour les droits humains**
Entretien avec Albie Sachs
Albie Sachs est l'un des principaux architectes de la première constitution postapartheid en Afrique du Sud. Dans nos sociétés de plus en plus polarisées, le témoignage de sa lutte pour une dignité personnelle inaliénable et la progression des droits humains est plus que jamais d'actualité.

39 ***Stablecoins* : la nouvelle bataille des monnaies**
Hubert de Vauplane
La création du *Bitcoin* et plus largement des cryptoactifs, comme les *stablecoins*, bouleverse l'ordre monétaire et la place de la monnaie dans nos sociétés. Une révolution silencieuse serait en marche, au point d'inquiéter les banques centrales et les États, à l'exception des États-Unis.

51 **Machiavel, notre contemporain**
Paul Valadier
Machiavel est un homme de la Renaissance, profondément lié au sort et aux tourments politiques de Florence. Est-il possible de le tenir pour notre contemporain, sans anachronismes insoutenables, sans tirer à soi une pensée qui a pesé dans la tradition politique de l'Occident ?

61 **CHRONIQUE** *de Jean-Philippe Pierron*
Sentiment océanique

Religion

63 **Notre-Dame, une cathédrale à chœur ouvert**
Gilles Drouin
Six ans après l'incendie de Notre-Dame, l'aménagement liturgique de la cathédrale a été guidé par la volonté d'initier au mystère chrétien et de toucher le cœur de n'importe quel visiteur, quelle que soit sa motivation. Une cathédrale intégralement catholique, donc ouverte à tous.

75 **L'héritage de Dorothy Day**
Maxence Collin
Dorothy Day, figure emblématique du catholicisme américain, a œuvré en faveur de la justice sociale, des pauvres et des relégués. Le réseau de communautés qu'elle a créé est une source d'inspiration à un moment où nous nous demandons ce qui peut encore nous faire tenir ensemble.

87 **CHRONIQUE** *d'Anne Lécu*
L'esprit d'enfance

Culture

89 **Hiroshima et le cinéma : un amour singulier**
Barthélémy Courmont
La destruction de Hiroshima en août 1945 a durablement marqué le cinéma japonais. Au cours des années, les œuvres de fiction reflètent l'évolution du paysage politique et la relation complexe de la population à cette période de l'histoire du Japon.

101 **CHRONIQUE** *d'Emmanuel Godo*
Se réjouir

Actualité culturelle

EXPOSITIONS ____ 103
Christophe Rioux – Georges de La Tour : le Maître des nuits
Michaël de Saint Cheron – Maria Helena Vieira da Silva, à Bilbao

FILMS ____ 107
Elsa Colombani, Juliette Goffart, Pascal Le Duff et Ingrid Merckx
• *Mektoub my love : Canto due* • L'agent secret • Vie privée • *A House of Dynamite*

LIVRES ____ 113
Notes de lecture :
Guillaume Barrera – La faute à Montesquieu ?
Laurent Klein – Témoigner de la souffrance des civils
Recensions : Les 41 livres de ce mois

ont participé à ce numéro

Samantha Besson • Juriste, titulaire de la chaire « Droit international des institutions » au Collège de France et professeure de droit international public et de droit européen à l'Université de Fribourg (Suisse), membre de l'Institut de droit international. A notamment publié *La* due diligence *en droit international* (Brill Nijhoff, 2020) et « Les espaces du droit international en voie d'appropriation, Réinstituer les communs pour éviter l'enclosure », dans *Aux confins de la loi, La nature, les colonies, l'espace* (Anacharsis, 2025).

Maxence Collin • Journaliste, responsable des numéros spéciaux et secrétaire de rédaction pour le journal *Le 1 Hebdo* et pour le magazine *Légende*. A notamment publié *Alan Turing* (roman graphique avec Aleksi Cavaillez et François Rivière, Casterman, 2024).

Barthélémy Courmont • Professeur à la Faculté des lettres et sciences humaines (FLSH) de l'Université catholique de Lille, où il dirige le master « Histoire – Relations internationales », titulaire de la Chaire Unesco en diplomatie culturelle. A récemment publié *L'Asie, terre de conflits* (Cerf, 2025), *La Chine face au monde* (Eyrolles, 2025) et *L'ère de l'Indopacifique* (dirigé avec Frédéric Lasserre et Éric Mottet, Presses de l'Université du Québec, 2025). A publié dans *Études* « La Chine à un tournant de son histoire » (n° 4299, décembre 2022).

Gilles Drouin • Vicaire général du diocèse d'Evry-Corbeil-Essonnes, docteur en théologie et, jusqu'en décembre 2025, directeur de l'Institut supérieur de liturgie de l'Institut catholique de Paris (ICP) et président de la *Societas Liturgica*, une association internationale de liturgistes à vocation œcuménique. A publié *Architecture et liturgie* (Cerf, 2019) et *L'espace liturgique, un espace d'initiation* (Cerf, 2020).

Sébastien Natroll • Journaliste juridique indépendant. Va publier *Une Constitution morte : aux origines de la réaction américaine* (Amsterdam, janvier 2026).

Albie Sachs • Avocat, militant, écrivain et ancien magistrat à la première Cour constitutionnelle d'Afrique du Sud (1994-2009). A publié *Notre histoire mérite une fin heureuse, journal de prison* (Premier Parallèle, 2025).

Paul Valadier • Jésuite, professeur émérite de philosophie politique et morale au Centre Sèvres, devenu Facultés Loyola Paris, ancien rédacteur en chef d'*Études*. A publié *Ce qui nous fait tenir en temps d'incertitude, L'espérance vive* (Mame, 2021) et *Éloge de la religion* (Salvator, 2022). A publié dans *Études* « Les populismes de gauche et de droite » (n° 4254, novembre 2018), « L'humanisme intégral selon le pape François » (n° 4265, novembre 2019), « Une paix hybride » (n° 4303, avril 2023), « Les instances internationales en péril » (n° 4311, janvier 2024), « Le pontificat du pape François » et « L'œuvre d'art et l'artiste » (n° 4327, juin 2025).

Hubert de Vauplane • Docteur en droit, avocat, après avoir passé de nombreuses années dans des banques internationales. Il est expert en cryptoactifs auprès de la Banque mondiale et enseigne à Sciences Po (Paris).

ÉDITORIAL

de Nathalie Sarthou-Lajus

L'esprit d'une loi

Le cent vingtième anniversaire de la loi du 9 décembre 1905 sur la séparation des Églises et de l'État est l'occasion de revenir sur l'esprit de cette loi, sur la façon dont elle se perpétue au cours de l'histoire, sur les débats et les fractures auxquels elle continue de donner lieu. Au début du XXe siècle, la France était divisée en deux camps, ce que l'on appelait alors « la guerre des deux France », la catholique et la laïque. On ne peut oublier ce gouffre qui séparait les croyants majoritairement catholiques, profondément attachés au monopole de leur confession, et les athées, violemment anticléricaux, pour lesquels la religion n'était qu'obscurantisme. Au sein même du camp républicain s'opposaient déjà « les partisans d'une laïcité de combat » et « les partisans d'une laïcité de pacification », ainsi que le rappelle Alain Policar[1]. C'est finalement le camp de la pacification qui l'a emporté, notamment grâce à l'influence protestante qui a valorisé l'importance de la liberté de conscience et du pluralisme des convictions.

Cent vingt ans plus tard, où en est-on ? La France est toujours divisée, mais le contexte a changé : si les catholiques restent encore les croyants majoritaires, ils sont moins nombreux face à la progression des musulmans, des évangéliques et surtout la part désormais dominante de ceux pour lesquels la question de Dieu ne se pose plus. Indéniablement, la laïcité a contribué à transformer non seulement la place des religions dans la cité, mais le rapport même des croyants à leur religion, par la valorisation de la liberté de conscience. Elle est exigeante pour les religions en les obligeant à reconnaître la liberté religieuse et le pluralisme des croyances. Rappelons que l'Église catholique ne l'a fait qu'au moment de Vatican II. Cependant, la fracture se creuse entre ceux qui redoutent les dangers de l'islamisme, et de son projet de déstabiliser l'école de la République, et ceux qui critiquent les nostalgiques d'une identité française dont les racines seraient chrétiennes. À l'intérieur même du groupe républicain se déchirent les

1. Alain Policar, *Laïcité : le grand malentendu*, Flammarion, 2025.

partisans d'une laïcité intransigeante vis-à-vis du port des signes religieux dans l'espace public et ceux qui considèrent que cette stratégie est contre-productive, car de nature à être instrumentalisée par l'islamisme afin de persuader les musulmans que la laïcité est incompatible avec l'islam. Le péril serait alors, selon Alain Policar, de perdre l'esprit même de la loi de 1905 : « De principe autorisant la coexistence des libertés, la laïcité devient une valeur, laquelle serait étrangère à ceux dont la religion et la culture ne permettraient pas d'en comprendre l'exigence[2]. » Dans sa version laïciste, la laïcité risque en effet de devenir une nouvelle « religion civile », avec ses dogmes et ses clercs qui contrôlent, interdisent, au lieu d'être un principe destiné à organiser la coexistence des libertés et des convictions.

Au moment où l'on assiste aux pires alliances entre des réactions nationalistes et les religions, il importe de retrouver l'esprit pacificateur de la loi de 1905 pour éviter des chocs frontaux entre des attitudes fondamentalistes qui refusent toute remise en question. Dans cet esprit, la Vigie de la laïcité remettra, ce 9 décembre, un prix à Libourne, où s'est créé il y a une dizaine d'années un Observatoire de la laïcité à l'initiative d'un professeur d'histoire d'un collège public. L'Observatoire libournais de la laïcité[3] s'est construit autour d'un projet pédagogique ambitieux qui consiste à organiser chaque année un « rallye » pour permettre à des centaines d'élèves de découvrir les différents monothéismes dans leurs lieux de culte et de participer à des ateliers autour des croyances religieuses, des non-croyances et de la laïcité. Ce rallye de la laïcité illustre parfaitement l'esprit de la loi de 1905 qui n'est pas hostile aux religions et dont l'une des missions est d'organiser un espace commun de discussion entre des personnes de convictions différentes. C'est d'ailleurs ainsi que la comprennent la plupart des collégiens et des lycéens interrogés, comme un moyen de permettre l'expression de ses convictions, dans le respect de celles des autres. L'enseignement laïque des faits religieux comme des phénomènes humains fondamentaux et la diffusion d'une pédagogie de la laïcité à l'école sont essentiels pour préparer les élèves au pluralisme de nos sociétés et à entrer en conversation avec des personnes qui ne partagent pas leurs convictions. C'était l'ambition d'un rapport de Régis Debray au début des années 2000. Vingt-cinq ans après ce rapport, la laïcité demeure un enjeu majeur pour l'école de la République et pour la démocratie.

2. *Ibid.*, p. 11.

3. *www.laicitelibourne.fr*

UN VIDE JURIDIQUE INTERSIDÉRAL ?

Entretien avec Samantha BESSON

Le droit international de l'espace est en crise. C'est notamment le cas des principes de non-appropriation et de patrimoine commun de l'humanité dont l'interprétation est contestée. À l'heure où certains États cherchent à orienter cette interprétation de manière à favoriser l'exploitation commerciale des corps célestes, que ce soit par l'adoption de lois nationales ou de traités bilatéraux, un point sur ce vide juridique allégué s'impose.

Pouvons-nous d'abord définir les termes ? Qu'est-ce qui distingue l'espace extra-atmosphérique de l'espace atmosphérique ?

■ **Samantha Besson :** Il faut commencer par se demander ce qu'est un « espace » en droit international. Le terme s'applique non seulement à l'espace extra-atmosphérique, lorsqu'il est employé sans qualificatif et au singulier, mais aussi à d'autres espaces, en particulier maritimes et polaires (nous y reviendrons). Ce que tous ces espaces ont en commun en droit international, c'est d'être aujourd'hui encore *définis négativement* par opposition aux « territoires » étatiques ceints par des frontières et sur lesquels s'exerce la juridiction des États. On parle d'ailleurs, à leur égard, d'espaces « situés au-delà de la juridiction nationale des États » et ces espaces sont donc définis par ce qu'ils ne sont pas. Ce que cela veut dire, c'est qu'il n'existe pas encore de statut juridique positif propre à ces espaces en tant qu'espaces, ce qui complique bien évidemment leur protection par le droit international.

Quant à l'espace « extra-atmosphérique », il est délimité par opposition à l'espace « atmosphérique ». Pour l'instant, la limite est fonctionnelle : elle suit la capacité de vol des aéronefs et évolue donc en fonction des capacités techniques. L'espace atmosphérique étant lui-même délimité par référence au territoire national, on observe une gradation dans la définition négative des espaces atmosphériques, puis extra-atmosphériques par rapport au territoire. Les mêmes caractéristiques, définition négative et gradation depuis le territoire des États, se retrouvent en matière d'espace maritime : la « haute mer » est définie négativement comme ce qui ne relève pas des eaux nationales qui elles-mêmes sont délimitées par rapport au territoire national.

Quels sont les grands principes du droit de l'espace compris comme espace extra-atmosphérique ?

▪ **S. Besson :** Ces principes reflètent précisément la définition négative des espaces et de leur droit par opposition aux territoires étatiques et à leur droit. En effet, le droit international des espaces, à l'instar de celui de la mer notamment, sous-tend le projet d'expansion des États hors de leurs territoires depuis le XVIIe siècle. C'est donc, par excellence, du droit international moderne : c'est le droit de la liberté des États. D'ailleurs, le premier principe du droit international des espaces est aujourd'hui encore la « liberté d'exploration et d'utilisation » par les États.

Cette liberté a évolué au gré des capacités des États à l'exercer. L'évolution des sciences et des techniques a en effet toujours été primordiale dans le développement du droit international des espaces : en tant que droit de l'exploration, en effet, il suit les capacités techniques d'exploration des entreprises et des États, capacités publiques et privées d'ailleurs, qui se sont toujours confondues, et ce, que ce soit en haute mer depuis le XVIIe siècle ou, depuis le milieu du XXe siècle, dans l'espace extra-atmosphérique. C'est ce qui explique que la « liberté d'exploration et d'utilisation » et la « liberté de la recherche scientifique » des États se sont développées main dans la main en droit international de la mer et aujourd'hui en droit international de l'espace.

Pour le reste, le droit international de l'espace encadre notamment la question de l'immatriculation des objets lancés dans l'espace et donc celle de la responsabilité de l'État qui les immatricule pour les dommages causés par ces objets sur terre et dans l'espace. La question militaire n'est jamais loin non plus et l'usage pacifique de l'espace est strictement encadré depuis les origines du droit international de l'espace. Enfin, d'autres questions y sont aussi traitées, comme celle de la protection de l'environnement spatial et notamment celle de la gestion des débris, soit sur terre, soit dans l'espace.

Où trouve-t-on ce droit de l'espace ?

S. Besson : L'adoption d'un régime de droit conventionnel international de l'espace remonte à la Guerre froide et aux années 1960-1970. Il s'agit principalement d'un corpus (dit *corpus juris spatialis*) de cinq traités internationaux qui touchent à des questions très différentes, mais toutes liées à l'exploration spatiale et à l'utilisation des ressources spatiales.

Le premier traité, le Traité sur l'espace de 1967, a posé le principe de « non-appropriation » de l'espace, principe qui sera répété dans d'autres traités ultérieurs. Toutefois, lorsque la qualification supplémentaire de l'espace en tant que « patrimoine commun de l'humanité » est apparue dans le Traité sur la Lune de 1979 et que d'autres précisions y ont été apportées sur les utilisations de ressources spatiales et notamment sur leur « partage équitable », de nombreux États, dont les puissances spatiales de l'époque, se sont détournés du droit international de l'espace et n'ont pas ratifié le traité de 1979. À ce jour, ce traité n'a été ratifié que par dix-sept États, alors que le traité de 1967 l'a été par cent dix-sept États. Depuis, aucun nouveau traité n'a été adopté en droit international de l'espace.

> ***« De nombreux principes généraux de droit international sont applicables aux États, même dans l'espace »***

Cela ne veut pas dire toutefois que le droit international de l'espace ne se développe plus en pratique et sous forme coutumière, ni surtout que les règles et principes issus d'autres régimes de droit international ne trouvent pas à s'appliquer dans l'espace aussi. De nombreux principes généraux de droit international sont en effet applicables aux États, même dans l'espace. Il faut mentionner ici l'obligation de ne pas nuire de manière négligente et ses implications importantes pour la protection de l'environnement spatial et des intérêts scientifiques dans l'espace, ou encore l'interdiction du recours à la force armée.

Quelles sont les questions d'actualité du droit de l'espace ?

■ **S. Besson :** Actuellement, outre celle des obligations et responsabilités en matière d'élimination des débris, c'est surtout la question du régime applicable à l'exploitation commerciale des corps célestes qui occupe les juristes.

Ce débat renoue avec ce que d'aucuns ont identifié comme la logique propriétaire à l'œuvre depuis toujours en droit international moderne des espaces : la liberté d'exploration et d'utilisation des espaces maritimes chez Hugo Grotius (1583-1645) s'est en effet développée conjointement avec la conception naturelle et préjuridique de la propriété privée de John Locke (1632-1704), consacrant, pour faire simple, un droit d'appropriation de toute entreprise privée et, par extension, de tout État sur ce qu'il trouve, occupe ou transforme. Cette priorité de la propriété privée sur la souveraineté publique et, dès lors, sur la juridiction de l'État (qui sont, en soi, toutes les deux interdites par le principe de non-appropriation dans l'espace), mais aussi différentes analogies privées qui œuvrent dans son sillage sont à nouveau au centre du débat en droit international de l'espace et, sans surprise dans un contexte de critique du droit de l'Anthropocène, vivement mises en cause.

Aujourd'hui, pour le compte des États qui sont en mesure de mener de telles missions d'exploration et d'exploitation minière dans l'espace, seuls ou en collaboration avec des entreprises privées, certains juristes cherchent à réconcilier le « principe de non-appropriation » qui s'applique aux corps célestes depuis 1967, je l'ai dit, avec l'extraction commerciale de ressources de ces corps qui est désormais envisageable sur un plan technique. Pour ce faire, ils distinguent la prétention publique à la souveraineté (qui serait la seule appropriation interdite par le principe de non-appropriation) du droit à la propriété privée (qui demeurerait autorisée même sans souveraineté ni juridiction nationales dans l'espace). La même distinction s'applique entre les corps célestes (qui seraient les seuls à ne pas pouvoir être appropriés en vertu du principe de non-appropriation) et leurs ressources (qui seraient appropriables).

Quels sont les enjeux de ce débat ?

■ **S. Besson :** Ils sont immenses. Ces distinctions et cette nouvelle interprétation « propriétaire » du droit international de l'espace qu'elles entretiennent sont peu à peu codifiées dans des lois spatiales nationales, dans des traités bilatéraux conclus en série (les accords Artémis conclus par les États-Unis avec près de cinquante États déjà) et encore dans des actes de droit souple adoptés avec le secteur privé. À terme, les pratiques que ces différents actes juridiques fondent pourront, si elles se généralisent suffisamment entre États, mener à la consolidation d'un nouveau droit coutumier en la matière et à une pratique subséquente des États susceptibles d'influencer durablement l'interprétation des traités de l'espace.

> ***« Bilatéraliser les relations internationales sur une question pour créer des blocs autour des États »***

Le droit international des espaces est coutumier de ce type de pratiques. C'est après tout ce qu'ont réussi à faire quelques États entre 1982, date de l'adoption de la Convention du droit de la mer, et 1994, date de l'adoption du régime de compromis applicable à l'exploitation des fonds marins : bilatéraliser les relations internationales sur une question pour créer des blocs autour d'eux et obtenir un avantage dans la négociation multilatérale et, par-là, influencer le contenu du droit international de la mer.

Aujourd'hui, la question n'est donc plus celle de savoir *si* un régime juridique de l'exploitation des ressources spatiales se développera à l'avenir, mais bien plutôt de savoir *comment* (par quelles procédures et avec quelle légitimité) et avec *quel contenu* (celui d'une propriété privée ou collective, ou alors d'un nouveau régime de communs). C'est un moment critique pour le droit international de l'espace, et le risque d'une nouvelle « *enclosure* », extraterrestre cette fois-ci, est bien présent.

Un objet rapporté de la Lune, par exemple, appartient-il à celui ou celle qui l'a rapporté ou à son pays ?

▪ **S. Besson :** C'est toute la question, en effet. En principe, ni l'un ni l'autre, mais j'ai déjà mentionné la tension entre la liberté d'exploration et d'utilisation et le principe de non-appropriation, et les différentes interprétations qui pourraient permettre de justifier ou non un régime de propriété privée sur les ressources extraites d'un corps céleste à défaut de souveraineté et de juridiction publique dans l'espace.

Une question liée est celle du statut juridique des échantillons scientifiques. À qui appartiennent-ils et est-il même correct de parler en ces termes s'agissant de science ? Après tout, sur Terre, les biens scientifiques sont des biens publics et ne relèvent en soi ni de la souveraineté publique, ni de la propriété privée. À nouveau, la question ne semble pas encore être tranchée en droit international de l'espace. Le Traité sur la Lune de 1979 distingue bien les échantillons scientifiques des échantillons non scientifiques, posant des conditions plus strictes à la collecte de ces derniers. Actuellement, le retour d'échantillons scientifiques issus de missions spatiales s'accélère avec son lot d'interrogations, notamment lorsque ces missions sont publiques et privées, comme c'est de plus en plus le cas et que la collecte d'échantillons se fait de manière hybride à des fins tant commerciales que scientifiques. D'ailleurs, certaines lois spatiales nationales et les accords Artemis prévoient déjà la propriété privée sur ces échantillons, prenant à nouveau de l'avance dans le débat et la pratique.

Cette question devient urgente à traiter si nous souhaitons protéger l'accès et la participation égale et équitable à la recherche scientifique spatiale et à ses bienfaits et protéger contre les potentiels effets néfastes de certaines collectes et échantillons spatiaux. En fait, c'est une question de droit de l'Homme à la science et donc de nos droits à toutes et tous, et pas uniquement de souveraineté et de liberté scientifiques des États, comme le droit international de l'espace les a garanties jusqu'à présent.

Existe-t-il, comme dans le domaine maritime, des pavillons de complaisance qui permettent de favoriser un régime de propriété privée sur les ressources spatiales ?

■ **S. Besson :** Bien sûr : c'est le cas du Luxembourg ou de la Suisse, par exemple. Et c'est ce qui motive certains États à adopter des lois nationales libérales en matière de propriété privée dans l'espace. Ils signalent ainsi aux investisseurs éventuels que leur droit soutient de manière libérale l'exploration et l'exploitation des corps célestes avec un régime de propriété privée adapté. Cela leur permet d'attirer les investisseurs, non pas en vendant leur nationalité ou des visas contre investissements, mais une immatriculation spatiale. Cela dit, l'État d'immatriculation encourt aussi des responsabilités, souvent absolues et même sans faute ou négligence, en vertu du droit international de l'espace. Et ce régime de responsabilité des années 1960 a bien des vertus aujourd'hui.

Quelles sont les instances multilatérales capables de corriger le tir et peut-être de réglementer le domaine spatial à l'avenir ?

S. Besson : Il y a déjà, je l'ai dit, un corps juridique spatial international qu'il est possible de consolider, même s'il ne fait pas toujours consensus. Il serait utile à l'avenir de préciser ensemble et de manière commune les droits et obligations applicables, notamment sur toutes les questions mentionnées plus haut. Cela passera idéalement par l'adoption d'un nouveau traité multilatéral et peut-être même par la création d'une institution ou haute autorité des ressources spatiales.

Bien sûr, comme indiqué précédemment, rien ne garantit que la bilatéralisation du droit international de l'espace, actuellement à l'œuvre, ne débouche pas sur la constitution de blocs dans la négociation et donc sur le maintien d'inégalités en la matière. C'est ce qui s'est produit en droit international de la mer, je l'ai déjà dit, et a accouché du régime actuel et totalement inefficace et inéquitable de l'exploitation des ressources issues des fonds marins[1]. Il y a cependant une lueur d'espoir à cet égard. En effet, un groupe de travail sur les ressources spatiales a été créé en 2021 au sein des Nations unies dans le cadre du CUPEEA (Comité des utilisations pacifiques de l'espace extra-atmosphérique), et ce, notamment à la demande de nombreux États du Sud global et à la suite de diverses initiatives internationales des scientifiques.

> « La notion de « communs » demeure controversée en droit international des espaces »

Une solution est-elle à chercher du côté des « communs » spatiaux ?

■ **S. Besson :** C'est la grande question aujourd'hui, en effet. Comme je vous le disais au début de notre entretien, les espaces du droit international ont été jusqu'ici définis purement négativement par opposition aux territoires étatiques sur lesquels s'exerce la juridiction de l'État. Cela veut dire que le droit international n'a pas encore doté ces espaces d'un statut juridique propre et encore moins d'un statut juridique de « communs ». C'est vrai aussi du droit international de l'espace extra-atmosphérique.

1. *Cf.* Sabine Roux de Bézieux, « L'exploitation des fonds marins », *Études*, n° 4317, juillet-août 2024 (sur *www.revue-etudes.com*).

En fait, et malheureusement, la notion de « communs » demeure controversée en droit international des espaces : elle s'applique aussi bien à des espaces qu'à des biens ou des ressources, ce qui est très différent. L'introduction du principe de patrimoine commun de l'humanité dans les traités des années 1970-1980 sur ces différents espaces n'a guère clarifié les choses. La notion de *res communis* n'a jamais été limpide non plus : elle a été reprise du droit romain, mais modifiée maintes fois au fil des théories de la propriété. Oscillant entre *res nullius*, soit la chose appropriable par quiconque, et la chose commune inappropriable ou alors seulement en commun, elle devrait être clarifiée en droit international. Aujourd'hui, la notion de communs en droit international est en outre très influencée par la théorie économique des biens publics et communs, ce qui maintient la priorité de l'intérêt privé.

> « *C'est un droit international de la science spatiale qu'il faut réactiver* »

Tout reste donc à inventer et un droit international positif d'institution des communs doit encore être développé. Pour la question qui nous concerne ici, celle du statut juridique à venir des ressources spatiales, cela pourrait passer par une troisième voie dans la gestion des communs qui ne soit une propriété ni publique ni privée, ou alors par une forme commune ou collective de la propriété. J'ai organisé un colloque sur la question au Collège de France et je renvoie les lecteurs et les lectrices aux enregistrements des interventions[2].

La connaissance scientifique est une connaissance qui s'élabore en partage. C'est un travail qui se fait en commun. Existe-t-il au moins des « communs scientifiques » dans l'espace ?

■ **S. Besson :** Si seulement. La science est un bien non seulement public (un bien à protéger dans l'intérêt de tous), mais aussi un bien participatif (son intérêt public réside dans la participation de tous) et commun (son intérêt public est aussi source de responsabilités collectives). Ces deux dimensions supplémentaires du bien public « science » révèlent l'importance du droit dans la garantie et

2. Samantha Besson, colloque « The "Province of All Mankind" ? Property in Outer Space under Public and Private International Law and Philosophy », Collège de France, 25-26 septembre 2025, en anglais (voir *www.college-de-france.fr*).

l'institution de la science comme pratique participative et commune. Et sans droit international, pas de science universelle.

C'est donc un droit international de la science spatiale qu'il faut réactiver ici, mais surtout revoir de fond en comble afin de protéger le droit de l'Homme à la science mentionnés plus haut contre la souveraineté scientifique des États et afin d'instituer des communs scientifiques dans l'espace. Ici aussi, les lecteurs et les lectrices pourront peut-être trouver un intérêt aux enregistrements du cours que j'ai donné sur le droit international de la science au Collège de France, au printemps 2024[3].

Propos recueillis par François EUVÉ.

3. S. Besson, cours « Le droit international de la science », 22 février au 28 mars 2024, en français (voir *www.college-de-france.fr*).

LA NEUTRALITÉ RELIGIEUSE EN PÉRIL AUX ÉTATS-UNIS

Sébastien NATROLL

L'évolution de la Cour suprême américaine est significative du changement politique du pays. La défense de la « liberté religieuse » devient un sujet dominant. Est en débat l'interprétation du Premier amendement de la Constitution, garantissant la neutralité religieuse de l'État fédéral, le célèbre « mur de séparation » entre les Églises et l'État. Certains États fédérés semblent se diriger vers la promotion d'options religieuses particulières.

Au cours des dernières années, la plus haute juridiction des États-Unis a profondément révisé sa doctrine relative à la liberté religieuse. Le principe métaphorique de « mur de séparation entre l'Église et l'État », attribué au père fondateur Thomas Jefferson (1743-1826), s'étiole au profit d'une conception centrée sur l'égalité de traitement de la chose religieuse et la prééminence de son libre exercice. Dans le même temps, la clause d'établissement du Premier amendement de la Constitution, garante de la neutralité religieuse du gouvernement fédéral et des États fédérés, ne cesse de concentrer l'attention d'une partie des juges dits « conservateurs » de la Cour suprême : leur interprétation singulière de cette clause serait à même de créer un bouleversement jurisprudentiel qui se traduirait par la possibilité, pour les États fédérés, d'établir une religion officielle.

La domination des juges nommés par des présidents républicains n'est pas exogène à cette trajectoire. Les États-Unis, « nation sous l'autorité de Dieu », comme l'affirmait le président Ronald Reagan (1911-2004) lors de son discours inaugural en 1981, ont vu leur justice se transformer progressivement en un instrument au service des cultes, reconceptualisant au passage une doctrine souvent jugée comme incohérente[1].

De la prédominance du libre exercice religieux

La haute cour s'est en effet employée à donner le primat à la liberté religieuse, protégée par le Premier amendement de la Constitution. Une évolution lente qui a traversé l'histoire contemporaine du pays : si, au mitan du XXe siècle, la Cour a « incorporé » la clause de libre exercice de la religion (la rendant ainsi opposable aux États fédérés), il faut attendre l'avènement de la Cour dite « Warren » (du nom du président de la Cour, le *Chief Justice* Earl Warren) pour que la juridiction donne l'ascendant aux libertés religieuses. Ainsi, dans l'arrêt historique *Sherbert v. Verner* (1963), la Cour a considéré qu'une adventiste ne pouvait se voir refuser la perception d'indemnités chômage en raison de son refus de travailler le samedi.

> « *L'histoire récente de la Cour suprême montre une singulière inflexion* »

C'est, paradoxalement, sous l'influence d'un juge éminemment catholique, Antonin Scalia (1936-2016), que la Cour suprême infléchit temporairement cette trajectoire. En 1990, le juge Scalia signe l'opinion majoritaire dans l'affaire *Employment Division v. Smith*, affirmant qu'une loi neutre vis-à-vis de la religion et « d'applicabilité générale » (c'est-à-dire ne prévoyant pas de régime d'exemption) ne saurait faire l'objet d'un contrôle juridictionnel strict, qu'importe qu'elle entrave de manière fortuite l'exercice d'un culte. Ce renoncement au contrôle juridictionnel strict – le *strict scrutiny*, qui nécessite que, pour être jugée conforme à la Constitution, une loi réponde à un intérêt gouvernemental impérieux et qu'elle constitue le moyen le moins restrictif pour répondre à cet intérêt – provoque l'ire du Congrès, qui vote à la quasi-unanimité le *Religious Freedom Restoration Act* (RFRA) en 1993 pour imposer un retour du contrôle juridictionnel strict pour toute loi entravant le libre exercice d'une religion. En 1997, dans l'arrêt *City of Boerne v. Flores*, la Cour suprême

1. Voir, par exemple, Patrick Weil, « Freedom of Conscience, but Which One ? In Search of Coherence in the U.S. Supreme Court's Religion Jurisprudence », 2017, p. 316.

fait partiellement obstacle au RFRA en déclarant que cette loi ne peut s'appliquer aux États fédérés.

L'histoire récente de la Cour suprême montre une singulière inflexion. Tout d'abord, la démographie de la Cour suprême connaît une évolution notable en 2005 : l'arrivée des juges John Roberts et Samuel Alito donne pour la première fois la majorité aux catholiques, ce qui ressemble presque à une anomalie dans un pays où seulement 20 % de la population adulte reconnaît l'autorité du Saint-Siège. Toutefois, la trajectoire jurisprudentielle de l'institution relève davantage de la philosophie judiciaire de ses membres que de leur coloration religieuse. La présidence Bush, traversée par la fin de l'ère du très conservateur *Chief Justice* William Hubbs Rehnquist et le début de l'ère Roberts, amène avec elle le substrat de ce qui constitue désormais la doctrine contemporaine de la Cour suprême. En 2002, dans l'arrêt *Zelman v. Simmons-Harris*, la Cour conclut qu'un programme visant à octroyer aux parents des bons d'études permettant à leurs enfants de fréquenter l'école de leur choix peut inclure les établissements religieux, le bon d'études ne favorisant en lui-même aucune confession religieuse. Ce qui était en 2002 une possibilité évolue, quinze ans plus tard, en obligation : dans l'arrêt *Trinity Lutheran Church v. Comer*, la Cour suprême juge qu'un État ne peut interdire à une école confessionnelle de recevoir un subside public au seul motif qu'il s'agit d'une structure religieuse. En d'autres termes, là où les États estimaient devoir exclure les structures religieuses en vertu de la clause d'établissement – qui proscrit les actions publiques favorisant une religion – ou d'une disposition similaire issue de leur propre Constitution, la lecture faite par la Cour suprême de la clause de libre exercice de la Constitution des États-Unis leur intime désormais de les inclure, au risque de « discrimine[r] expressément les bénéficiaires par ailleurs éligibles en les excluant d'un avantage public uniquement en raison de leur caractère religieux[2] ».

Plus récemment, c'est à travers l'arrêt *Espinoza* que la Cour cimente sa doctrine. Alors que dans l'État du Montana, Kendra Espinoza et plusieurs autres familles contestent l'impossibilité d'utiliser une bourse d'études pour scolariser leurs enfants dans des écoles confessionnelles, l'organisation chrétienne et conservatrice *Alliance Defending Freedom*

2. Arrêt *Trinity Lutheran Church of Columbia, Inc. v. Comer*, 2017, pp. 9-10.

dépose un mémoire en ami de la Cour[3] pour exhorter les neuf juges à suivre le précédent *Trinity Lutheran. Bis repetita* en 2022 avec l'affaire *Carson v. Makin*, qui s'inscrit dans la droite ligne des jurisprudences de la Cour depuis l'arrêt *Zelman*, rendu vingt ans plus tôt. Parallèlement, les juges ont accru l'autonomie des structures religieuses et des croyants vis-à-vis des lois antidiscrimination : d'une part, « l'exception ministérielle » consacrée avec les arrêts *Hosanna-Tabor Evangelical Lutheran Church & School v. Equal Employment Opportunity Commission* (2012) puis *Our Lady of Guadalupe School v. Morrissey-Berru* (2020) ont permis de soustraire les organisations religieuses au respect des dispositions fédérales interdisant les discriminations à l'embauche au motif que « [l]es clauses religieuses protègent le droit des Églises et autres institutions religieuses de décider des questions "de foi et de doctrine" sans ingérence du gouvernement ». D'autre part, la conjonction entre clause de libre exercice et clause de liberté d'expression (*free speech clause*) conduit la Cour suprême à élaborer un cadre où l'exercice d'un culte peut permettre de se soustraire au droit commun.

Outre la priorité donnée à la liberté de pratiquer sa religion, y compris en situation de pandémie[4], l'arrêt *303 Creative LLC. v. Elenis* (2023) symbolise de manière singulière cette soustraction au droit commun. Conceptrice de sites internet, Lorie Smith est également une chrétienne fervente. Désirant réorienter son activité professionnelle autour de la conception de sites internet célébrant des mariages, ce choix se heurte au droit en vigueur dans l'État du Colorado, lequel prohibe toute discrimination fondée notamment sur « la race, les croyances, le handicap, l'orientation sexuelle ou toute autre caractéristique énumérée par la loi[5] » dans l'offre de biens et services. Anticipant les conséquences juridiques d'une telle orientation, la requérante avait projeté de publier un avertissement sur son site, précisant que, pour des motifs religieux, elle refuserait toute commande liée à l'union de personnes de même sexe. Considérant que contraindre Lorie Smith à concevoir des sites internet célébrant des unions de personnes de même sexe reviendrait à violer son droit à la liberté d'expression, la Cour suprême poursuit l'élaboration d'un cadre où liberté d'expres-

3. Ces mémoires déposés par des individus ou des organisations qui ne sont pas des parties au procès et entendent porter à l'attention de la Cour des questions qui n'ont pas déjà été portées à son attention par les parties.

4. Voir notamment l'arrêt *Roman Catholic Diocese of Brooklyn v. Cuomo*, 2020.

5. Droit de l'État du Colorado, article §§ 24-34-601 (2) (a).

sion et liberté de culte sont étroitement liées : l'affaire du pâtissier chrétien Jack Philips (arrêt *Masterpiece Cakeshop*, 2018) ou celle des *Catholic Social Services* (arrêt *Fulton*, 2021) avaient déjà considérablement contribué à ce paradigme selon lequel les droits consacrés par le Premier amendement de la Constitution permettent un régime d'exception particulièrement favorable au libre exercice des cultes et des prescriptions religieuses.

L'arrêt *Mahmoud v. Taylor*, rendu en 2025, réaffirme ce régime. Dans le comté de Montgomery (Maryland), l'autorité scolaire a introduit dans les programmes des lectures destinées à promouvoir une représentation plus inclusive des personnes LGBTQIA+. Cette initiative a suscité une contestation de la part de plusieurs familles croyantes, lesquelles ont sollicité du juge fédéral l'octroi d'une injonction préliminaire afin que les élèves concernés puissent ne pas être contraints à assister à ces lectures. Ces requérants soutenaient que l'obligation faite à leurs enfants de participer à ces séances portait atteinte à leur liberté religieuse, en les exposant à des thématiques jugées incompatibles avec leurs convictions. Par une majorité de six juges contre trois, la Cour suprême a fait droit à leur demande, dans une opinion rédigée par le juge Samuel Alito. Selon la majorité, la politique éducative en cause interférait de manière substantielle avec le droit des parents à transmettre à leurs enfants une éducation conforme à leur foi. Les juges écartent ainsi l'argument selon lequel il ne s'agirait que d'une « exposition à des idées controversées », en estimant que les ouvrages traduisent bel et bien un engagement normatif à l'égard du mariage homosexuel et de la pluralité des identités de genre. Cette conclusion comme l'issue du jugement seront à n'en pas douter déterminantes dans l'affaire *Chiles v. Salazar*. L'affaire, qui implique tant la liberté d'expression que la liberté religieuse, a trait à la contestation de l'interdiction par l'État du Colorado des « thérapies de conversion », qui visent à « convertir » l'orientation sexuelle ou l'identité de genre d'une personne. Parallèlement, l'exclusion de la religion de la sphère de l'État, fondée sur la clause d'établissement et sur le principe de neutralité qui en découle, s'atténue peu à peu au fil des jurisprudences successives, au profit d'une interprétation plus favorable à l'expression religieuse des Etats fédérés.

« L'exclusion de la religion de la sphère de l'État s'atténue peu à peu au fil des jurisprudences successives »

La transformation de la « clause d'établissement »

Autrefois arrêt décisif, *Lemon v. Kurtzman* (1971) est progressivement tombé en désuétude avant d'être finalement renversé par l'arrêt *Kennedy v. Bremerton School District* (2022). Le « test *Lemon* » prévoyait une analyse en trois volets pour apprécier la conformité d'une loi à la clause d'établissement : (1) elle doit avoir un objectif séculier ; (2) son effet principal ne doit ni favoriser ni entraver la religion ; (3) elle ne doit pas entraîner une « ingérence excessive du gouvernement » dans la religion. Appliqué de manière erratique dans les jurisprudences subséquentes (invoqué, par exemple, dans l'arrêt *Wallace v. Jaffree* de 1985 mais écarté dans l'arrêt *Marsh v. Chambers* de 1983), le test élaboré dans *Lemon* est mis au ban par la Cour à compter les années 2000, sans toutefois être renversé.

« Une interprétation de la Constitution donnant la priorité à l'histoire de la nation étatsunienne »

L'inimitié de la Cour suprême pour l'arrêt *Lemon* va de pair avec sa tendance à favoriser une interprétation de la Constitution donnant la priorité à l'histoire et à la tradition de la nation étatsunienne. L'arrêt *Van Orden v. Perry* (2005) permet d'apprécier cette évolution jurisprudentielle : refusant d'appliquer le test élaboré dans l'arrêt *Lemon v. Kurtzman*, la Cour affirme que la clause d'établissement du Premier amendement n'interdit pas en soi toutes les formes d'action gouvernementale pouvant avoir un contenu religieux ou un message religieux. À ce titre, un monolithe affichant les Dix Commandements à proximité du Capitole du Texas n'est pas contraire au Premier amendement dans la mesure où l'exposition du Décalogue s'inscrit dans le contexte de l'histoire politique et juridique de l'État. Pour une partie de la Cour, résolument acquise à l'originalisme (une approche interprétative consistant à expliciter la Constitution selon le sens qu'elle avait au moment de sa ratification), la Cour continue à se fourvoyer et devrait interpréter la clause d'établissement en s'astreignant à respecter son sens originel. Ainsi, pour le juge Clarence Thomas, nommé à la Cour suprême en 1991, la clause d'établissement ne s'applique qu'au gouvernement fédéral. En conséquence, les États fédérés devraient pouvoir être libres de favoriser la religion de leur choix. L'actuel doyen de la Cour suprême est sans nul doute le plus vif contempteur de « l'incorporation » de la clause d'établissement, qu'il n'a de cesse de conspuer[6]. Nommé à la Cour suprême en 2017, Neil Gorsuch semble souscrire à l'interprétation du juge Thomas, estimant, dans l'opinion concurrente qu'il a rédigée dans l'arrêt *Shurtleff v. Boston* (2022) que « [l]e juge Thomas a soulevé d'importantes questions concernant l'incorporation par cette Cour de la clause d'établissement contre les États ».

Bien qu'elle semble « radicale » au regard d'une jurisprudence abondante qui a solidement établi que la clause d'établissement érige un véritable « mur de séparation » – comme l'illustrent de manière exemplaire les célèbres arrêts *Engel v. Vitale* (1962) et *Abington School District v. Schempp* (1963), consacrant l'interdiction des prières et de la lecture de la Bible dans les écoles publiques –, l'idée selon laquelle cette clause ne s'imposerait qu'au seul gouvernement fédéral est en réalité ancienne et ne constitue nullement une innovation récente. Soutenue par Edwin Meese III (procureur général des États-Unis au sein de l'administration Reagan de 1985 à 1988) comme par les professeurs de droit William C. Porth et Robert P. George[7], cette théorie a fait l'objet de plusieurs ouvrages. L'un d'entre eux, *Thomas Jefferson and the Wall of Separation between Church and State* (New York University Press, 2002) s'attaque directement à la célèbre métaphore de l'auteur de la Déclaration d'indépendance. Pour Daniel Driesbach, l'évocation par le père fondateur d'un « mur de séparation entre l'Église et l'État » doit être replacée dans son contexte, qui est celui du Premier amendement et donc de la Constitution fédérale. Pour reprendre les mots de James Madison, « [l]es pouvoirs délégués par la Constitution proposée au gouvernement fédéral sont peu nombreux et bien définis. Ceux qui restent aux gouvernements des États sont nombreux et indéfinis[8] ». Par conséquent, pour Driesbach, Jefferson ne faisait qu'évoquer l'impossibilité, pour la structure fédérale, d'empiéter sur les libertés religieuses du peuple américain et non de faire peser cette contrainte sur les États fédérés.

Aux yeux des partisans de cette théorie, l'amendement *Blaine* constitue l'un des arguments les plus probants contre l'incorporation.

6. Voir ses opinions concurrentes dans les arrêts *Zelman v. Simmons-Harris*, 2002, *Van Orden v. Perry*, 2005, ou encore, plus récemment, dans *Espinoza v. Montana Department of Revenue*, 2020, p. 9.

7. William C. Porth et Robert P. George, « Trimming the Ivy : A Bicentennial Re-Examination of the Establishment Clause », 1987, p. 139 : « La clause d'établissement ne limite pas seulement le pouvoir du gouvernement fédéral, elle protège spécifiquement une prérogative populaire dans les États. »

8. James Madison, « The Federalist No. 45 », dans *The Federalist Papers*, introduction et notes de Charles R. Kesler, Édition Clinton Rossiter, New York, 1961, pp. 292-293.

Présenté au Congrès en 1875, soit sept ans après l'adoption du Quatorzième amendement, le texte, qui énonçait qu'« aucun État ne fera de loi concernant l'établissement d'une religion ou interdisant le libre exercice de celle-ci », témoigne précisément que le Quatorzième amendement n'avait pas pour finalité d'étendre la clause d'établissement du Premier amendement aux États fédérés. Si la démonstration ne convainc pas encore une majorité de juges au sein de la Cour suprême, l'étiolement de la clause d'établissement comme garante de la neutralité permet de légitimer l'interprétation qu'en font les juges Thomas et Gorsuch. Ainsi, l'incohérence qui existe entre les deux clauses – la clause de libre exercice permettant, à travers le financement public de structures confessionnelles, de neutraliser l'obligation de neutralité de l'État – peut s'achever par la subordination de l'une à la lecture qui est faite de l'autre : l'interprétation actuelle de la clause de libre exercice appelle *in fine* l'interprétation originaliste de la clause d'établissement.

> ***« La possibilité pour les États fédérés de s'ériger en promoteurs d'une religion officielle »***

Les États fédérés à majorité républicaine semblent avoir parfaitement conscience de l'évolution doctrinale de la Cour suprême : certains d'entre eux créent volontairement des contentieux afin de parvenir à provoquer une inflexion, voire un revirement de jurisprudence. C'est le cas de la Louisiane, qui a imposé l'affichage, dans les salles de classe de ses écoles publiques, des Dix Commandements. La jurisprudence historique *Stone v. Graham*, qui avait conclu à l'inconstitutionnalité de l'affichage des Dix Commandements dans les salles de classe, était motivée par le recours au désormais répudié « test *Lemon* ». Dans le même temps, les arrêts *Van Orden v. Perry* (2005), *Pleasant Grove City v. Summum* (2009), *Town of Greece v. Galloway* (2014) ou encore *The American Legion v. American Humanist Association* (2019) créent, pris dans leur ensemble, un faisceau d'indices suffisamment fort pour croire à la possibilité d'une nouvelle inflexion en direction de la « désincorporation » et, donc, de la liberté des États fédérés en matière de religion.

Force est de constater que la jurisprudence récente de la Cour suprême marque une inflexion décisive dans la compréhension des clauses religieuses du Premier amendement. En donnant une prééminence croissante au libre exercice de la religion, la Cour a ouvert la voie à la légitimation de la relecture de la clause d'établissement élaborée par les tenants de l'originalisme, théorie interprétative désormais hégémonique au sein du mouvement juridique conservateur. Si cette tendance devait se confirmer, elle pourrait conduire à un renversement majeur : la fin de l'incorporation de la clause d'établissement et, par conséquent, la possibilité pour les États fédérés de s'ériger en promoteurs d'une religion officielle. Une telle transformation constituerait un tournant jurisprudentiel majeur et un bouleversement pour une société américaine qui demeure encore aujourd'hui profondément religieuse.

Sébastien NATROLL

International

CHRONIQUE

de Thomas Gomart

Directeur de l'Institut français
des relations internationales (Ifri)

Les Européens face à la « question russe »

Fin octobre 2025, le Kremlin a annoncé les tests du Bourevestnik, missile à propulsion nucléaire, et du Poséidon, torpille lourde autonome thermonucléaire. Comme à chaque fois, ils ont fait l'objet d'une intense couverture médiatique dans les pays occidentaux. De manière plus inattendue, Donald Trump a répondu en ordonnant la reprise des essais américains.

Depuis 2018, la Russie poursuit le développement de ce que l'on appelle les « armes du Manège », une nouvelle génération d'armements stratégiques destinés à annihiler toute velléité de résistance chez un potentiel ennemi. Parallèlement, les dirigeants russes manient une rhétorique nucléaire qui les conduit à rappeler qu'ils conservent le pouvoir de détruire tous les pays du monde. Pour eux, parler le langage du nucléaire reste le plus sûr moyen de rester au niveau des États-Unis, alors que la Chine produit un effort dans ce domaine. Les Européens ne seraient que des vassaux ayant renoncé à assurer leur sécurité par eux-mêmes.

Ces annonces s'inscrivent dans un plan d'ensemble au moment où la Russie se trouve enlisée militairement en Ukraine. Il s'agit pour elle de créer un sentiment de peur dans les opinions européennes et d'inhiber les soutiens de l'Ukraine. Elles interviennent dans un moment de flottement : les ouvertures de Donald Trump vis-à-vis de Vladimir Poutine, en août et en octobre 2025, n'ont pas été saisies par le Président russe ; les Européens s'organisent pour continuer à soutenir l'Ukraine, qui résiste toujours.

Le parallèle est souvent fait avec la crise des euromissiles au début des années 1980 que François Mitterrand avait résumée d'une formule restée célèbre lors d'un discours au Bundestag : « Les pacifistes sont à l'Ouest, et les missiles sont à l'Est. » Formule qui répondait à celle des mouvements pacifistes : « Plutôt rouges que morts ! » Formule qui traduisait surtout la volonté de maintenir un dialogue stratégique avec l'URSS en se montrant dissuasif, c'est-à-dire en indiquant des limites aux ambitions soviétiques. Il existe deux différences majeures entre 1983 et 2025. La première tient aux incertitudes nées du comportement de Trump et de sa manière de traiter les questions stratégiques. Le président des États-Unis ne lit pas et préfère parler plutôt qu'écouter ses conseillers. En d'autres termes, il ne maîtrise probablement pas la grammaire nucléaire comme les autres chefs d'État de pays dotés. C'est évidemment un avantage que Poutine ne cesse d'exploiter. La seconde tient à la situation militaire des forces russes en Ukraine. L'« opération militaire spéciale » lancée en février 2022 s'est transformée en guerre d'attrition. La Russie a conquis un cinquième du territoire ukrainien au prix de pertes considérables et en infligeant aux Ukrainiens des dommages irréparables. Ces derniers résistent et parviennent à conduire des opérations audacieuses contre des bases ou des raffineries. Autrement dit, une puissance nucléaire comme la Russie est régulièrement touchée sur son propre sol.

Pour les Européens, la « question russe » est ancienne et future à la fois. Ils ne peuvent plus l'éluder mais doivent en reformuler les termes de manière lucide car la Russie, à leur différence, est en guerre. Cette différence s'avère fondamentale au regard des pertes russes et du potentiel européen. La guerre pour l'heure les épargne alors qu'elle est consubstantielle au régime de Poutine. Habitués à l'état de paix depuis plusieurs décennies, les Européens sont confrontés à une résurgence de l'impérialisme russe dont l'Ukraine sert de victime expiatoire. C'est elle qui fait face à une menace existentielle et se bat pour son intégrité.

À travers elle, le régime russe impose une confrontation appelée à durer quelle que soit l'issue des combats sur le terrain. Si Poutine s'y est préparé de longue date, ce n'est pas le cas des dirigeants européens souvent contraints à réagir. La Russie conserve l'initiative pendant que les Européens maintiennent leur unité. Très différemment, ils allouent des ressources à un conflit qui les marginalise. Et pourtant, ils ne peuvent s'en détourner tant ses conséquences à court, moyen et long termes orienteront la trajectoire du continent, d'une part, et les rapports de force en son sein, de l'autre. Ce sont bien les rapports de force, plutôt que les rapports de droit, que la Russie nous oblige à analyser. Ce travail est lancé[1].

1. Thomas Gomart (dir.), « Europe – Russie, Évaluation des rapports de force », *Études de l'Ifri*, Institut français des relations internationales, novembre 2025.

UNE VIE CONSACRÉE AU COMBAT POUR LES DROITS HUMAINS

Entretien avec Albie SACHS

Juriste de formation, Albie Sachs est une grande figure blanche de la lutte contre l'apartheid et le racisme en Afrique du Sud. Il fut l'un des principaux architectes de la première constitution postapartheid pour la reconstruction de l'unité de son pays. Son activisme lui coûta une longue incarcération dans une cellule, à l'isolement, qu'il raconte dans un journal à sa sortie de prison (1966), qui vient d'être traduit et publié en français : Notre histoire mérite une fin heureuse *(Premier Parallèle, 2025). Il fut victime d'un attentat dans lequel il perdit un œil et un bras. Dans le cadre de la commission « Vérité et réconciliation », il rencontra son agresseur et lui pardonna. Alors que nos sociétés sont de plus en plus polarisées, enlisées dans des conflits qui paraissent indépassables, le témoignage de sa lutte pour la garantie d'une dignité personnelle inaliénable et la progression des droits humains est plus que jamais d'actualité.*

En 1963, vous avez passé 178 jours en isolement cellulaire sous le régime de l'apartheid en Afrique du Sud. Votre journal intime témoigne de la lutte quotidienne pour préserver votre dignité. Comment éviter de perdre son humanité dans des conditions aussi rudimentaires, quand on dort couvert de puces sur un matelas de paille posé à même le sol, privé de tout contact avec l'extérieur, sans autre relation qu'avec ses gardiens ?

■ **Albie Sachs :** D'une certaine manière, c'est le corps qui prend le dessus. Auparavant, je participais activement à la lutte politique et nous

nous attendions tous à être emprisonnés. J'avais lu des livres écrits par des prisonniers, en particulier celui d'Henri Alleg (1921-2013), *La question* (Éditions de Minuit, 1958), le témoignage d'un capitaine français en Algérie, un livre très puissant, avec une très belle introduction de Jean-Paul Sartre sur la torture. J'avais lu aussi des poèmes d'un activiste turc, Nâzim Hikmet (1901-1963), qui a passé quinze ans en prison en Turquie. J'avais lu un livre de Julius Fučík (1903-1943), qui avait fait partie de la résistance contre les nazis, exécuté par eux, un beau livre également. Mais ces livres ne m'ont pas du tout aidé. L'enfermement n'est pas une question d'ordre intellectuel. Il est un choc animal immédiat, une douleur physique liée à l'inactivité et à l'absence de contact humain. L'être humain est fait pour être en contact avec d'autres êtres humains. Priver quelqu'un de la possibilité de parler, d'écouter, de se battre, d'aimer, d'ignorer, d'embrasser, de communiquer d'une manière ou d'une autre avec son semblable est une terrible privation qui a des conséquences bien plus destructrices que ce que j'avais pu anticiper.

« L'enfermement n'est pas une question d'ordre intellectuel. Il est un choc animal »

La première chose que j'ai remarquée, c'est que j'étais enfermé et isolé. On ne peut plus partir, ni parler à personne. Ce fut une terrible souffrance, d'autant plus que je ne savais pas combien de temps cela allait durer. Lorsque j'étais avocat, je ne comprenais pas pourquoi des criminels aguerris capables d'une grande violence finissaient par avouer. Il suffisait de les enfermer et, au bout de quarante-huit heures, ils finissaient par livrer des aveux complets. Maintenant, je comprenais ce qu'ils ressentaient et pourquoi ils avouaient, car l'incarcération à l'isolement provoque un besoin de communication irrépressible. J'ai donc compris les effets terribles de l'enfermement et de l'isolement. Car le scientifique en moi, l'écrivain en moi, la personne, voulait communiquer avec quelqu'un, avec un policier, un gardien, avec n'importe qui, juste pour partager quelque chose.

Ce fut le premier choc. Quand je suis arrivé en prison, je me sentais très fort physiquement et mentalement, très énergique, car je savais pourquoi j'étais là et que mon combat était juste. Mais, aussitôt dans la cellule, j'ai constaté qu'il n'y avait rien : un matelas par terre, une fenêtre haute. Je touchais avec mes mains les quatre murs et le sol. Je regardais. Je ne voyais rien qui fût hors de ma cellule. Et je me disais : « C'est comme ça, ce n'est pas comme dans les livres. » Je regardais mes orteils. Je regardais les murs. Les murs, mes orteils. Trois minutes s'étaient déjà écoulées. Le temps était l'ennemi. Je commençais à réfléchir : que pouvais-je faire ? Ma personne était le seul objet de ma stimulation. Il s'agissait d'établir un certain programme d'exercices physiques et mentaux pour ne pas me déliter. Je recevais de la nourriture trois fois par jour. J'entendais la clé dans la serrure. La porte s'ouvrait. Comme je ne voulais pas qu'ils me voient allongé par terre, je me levais. On me glissait une assiette de nourriture. Je mangeais. Je faisais un peu d'activité. Un peu plus tard, la porte s'ouvrait à nouveau, ils remportaient l'assiette. Il ne se passait rien, rien. Les seuls sons que j'entendais étaient ceux des autres prisonniers, mais c'étaient des sons horribles : des cris, des hurlements, des gémissements. J'entendais crier des ordres. J'entendais des portes claquer. Et je remarquais que tout était en métal et en pierre. Je commençais à mettre au point un programme d'activités, et chanter en faisait partie. Je ne sais pas combien de temps cela a pris, mais je pensais à une chanson qui commençait par un A : *always* (« toujours »). Vous vous souvenez peut-être de cette chanson. [Il chante :] « Je t'aimerai toujours, avec un amour sincère, toujours. » C'était une belle chanson d'amour. Puis j'ai changé les paroles. [Il chante :] « Je vivrai ici toujours, année après année, toujours, dans cette petite cellule que je connais si bien. Je vivrai ici, toujours, toujours. » J'entendais ma voix. Je chantais, je sifflais, je jouais à toutes sortes de jeux de mémoire pour préserver mon sentiment d'exister. Je ne pouvais pas écrire. Avec la promenade, la lecture de la Bible était l'activité la plus enrichissante de ma journée.

« La lecture de la Bible était l'activité la plus enrichissante de ma journée »

Vous étiez juif, communiste et athée. Pouvez-vous nous dire quel intérêt vous avez trouvé, en tant que non-croyant, à la lecture des textes bibliques ?

■ **Albie Sachs :** C'était le seul livre dont je disposais. Il était donc pour moi extrêmement précieux. Je me le « rationnais », en me limitant à lire deux pages et demie par jour. Je ne savais pas combien de temps j'allais rester dans cette prison, alors je voulais avoir de quoi lire jusqu'au bout. J'étais curieux. Je n'avais jamais lu la Bible, ni la *Torah*, ni l'Ancien Testament, ni le Nouveau Testament, mais ce livre faisait partie de la culture dans laquelle je vivais. C'est une composante importante de l'histoire mondiale. J'espérais trouver du réconfort dans cette lecture de la Bible, sentir le cœur et les espérances de l'humanité, mais bien sûr sans croire en Dieu ni en de quelconques êtres surnaturels. Or, en lisant les textes, je fus d'abord surpris par leur violence : la Bible est féroce ! Les récits bibliques sont pleins de luttes, de guerres. Or, moi, je cherchais, surtout dans cette épreuve de l'incarcération, de l'amour, de l'attention, de la consolation. Mais les héros bibliques passent leur temps à se battre : ils tuent et se font tuer ! J'ai trouvé quelque réconfort dans les psaumes. Enfin voilà des textes généreux, accueillants et chaleureux ! Et puis, immédiatement, on revient aux combats et aux guerres ! J'ai beaucoup aimé les textes des prophètes, Isaïe, surtout quand il imagine un monde où le loup se couche près de l'agneau, où les épées sont transformées en socs de charrue. La vision du prophète Isaïe ne s'adresse pas seulement au peuple juif comme peuple élu, mais à l'humanité, pour imaginer un monde meilleur et s'identifier très fortement à cette utopie. Les évangiles aussi sont des textes magnifiques ! Matthieu en particulier, car il aime les pauvres, il croit en l'humanité. Je comprends pourquoi cela a touché des millions de personnes d'origines et de cultures différentes. On peut être sensible au message de Jésus sans reconnaître le sens que sa crucifixion et sa résurrection revêt pour les croyants. Le message de Jésus me touche très profondément. J'ai grandi dans une famille juive, très juive dans son style de vie, son histoire, ses origines et son humour. Pour moi, le judaïsme, ce sont les prophètes, un prophétisme au-delà de la Bible : Karl Marx (1818-1883) qui voulait révolutionner le monde, Sigmund Freud (1856-1939) qui a révolutionné l'âme intérieure des êtres humains et Albert Einstein (1879-1955) qui voulait révolutionner le cosmos. Pour moi, ce n'est pas un hasard s'ils étaient juifs ou d'origine juive. L'humour est une composante de ma culture juive, même s'il n'y a pas beaucoup d'humour dans la Bible, ni dans l'Ancien, ni dans le Nouveau Testament ! La convivialité fait aussi partie de ma judéité, avec le romantisme, l'amour de la musique et des belles choses. Tout cela fait partie de ma judéité : ce n'est pas affaire de peuple élu.

La lecture des textes bibliques était source de discussions avec le commandant de la prison. Ce ne sont pas les mêmes textes qui vous intéressaient, lui et vous. Pouvez-vous nous dire en quoi vous étiez en désaccord avec les lectures et l'interprétation de votre commandant ?

■ **Albie Sachs :** Le commandant était très impopulaire auprès des responsables de la prison. Il se sentait méprisé. Il était très seul. Il manquait peut-être de compagnie, lui aussi. Et là, il avait un public, un public « captif ». Et j'étais littéralement un public captif, dans tous les sens du mot. Il avait du respect pour moi, même si je refusais de répondre aux questions de ses collègues. Je me comportais très bien. J'étais avocat, ce qui équivaut à un juriste qualifié. Il était donc très fier d'avoir un tel prisonnier. Je n'étais pas un prisonnier ordinaire, une personne de classe inférieure. Il était convaincu que le Seigneur m'avait envoyé dans sa prison pour qu'il me convertisse ! Il avait décidé que, outre la Bible, je pouvais avoir un livre sur la Bible. J'avais donc maintenant deux livres, la Bible et un commentaire biblique. Il m'avait même laissé une brochure hebdomadaire fondamentaliste protestante pour que je puisse m'abonner ! Il me disait qu'il ne fallait pas croire littéralement tout ce qu'on lit dans la Bible : « Par exemple, dans la Bible, il est écrit que le monde a été créé il y a 5 852 ans mais, en réalité, il a été créé il y a 6 220 ans. » Je ne pouvais m'empêcher de rire ! Dans la Bible, j'étais particulièrement attentif aux commentaires et aux enseignements de Jésus dont il ne parlait jamais ! Moi, qui suis juif, je m'intéressais aux prophètes tardifs et à la doctrine chrétienne de l'amour, alors que lui, qui était chrétien, était obsédé par le nationalisme tribal et les rivalités des Juifs dans l'Ancien Testament ! Il considérait que les Israélites étaient les précurseurs des Afrikaners qui, après une période de traversée du désert, ont découvert une terre regorgeant de lait et de miel. Il pensait que les Afrikaners étaient en Afrique comme les Israélites au Moyen-Orient, entourés de Noirs et constamment menacés par la séduction que les femmes de couleur exerçaient sur eux… Cette dimension sexuelle qui s'immisçait dans ses croyances religieuses était d'ailleurs très étrange.

> « ***Il considérait que les Israélites étaient les précurseurs des Afrikaners*** »

Pourquoi le théâtre est-il apparu comme le moyen d'expression le plus puissant pour décrire vos conditions d'existence ?

■ **Albie Sachs :** J'imaginais trois personnes dans trois cellules, chacune ayant sa propre trajectoire et son histoire, sans aucun lien entre elles, séparées les unes des autres, mais debout et unies par ce même destin. Le dispositif m'a semblé très théâtral et je pouvais donner vie à ce que représente la solitude de l'enfermement pour des spectateurs. Je n'imaginais pas une histoire comprimée dans un livre, j'avais besoin d'imaginer l'écoute vibrante d'une foule.

Après l'attentat à la bombe dont j'ai été victime, je suis arrivé, pour la deuxième fois, en tant que réfugié en Grande-Bretagne. Quand je suis sorti de l'hôpital, quatre acteurs qui avaient joué Albie Sachs ont monté une représentation de la pièce que j'avais écrite à ma sortie de prison, afin de collecter des fonds pour que je puisse m'installer dans un appartement. Ce fut vraiment une belle expérience théâtrale. Après la pièce, je suis monté sur la scène car le public savait que j'étais présent. Je suis donc monté sur scène et j'ai décidé d'être théâtral. J'ai dit que c'était une merveilleuse représentation et que je voulais applaudir. « Mais comment puis-je applaudir ? » Ce fut le moment pour moi d'être théâtral.

Cette expérience de la prison vous a-t-elle été utile dans votre métier d'avocat ?

■ **Albie Sachs :** En fait, je n'ai pas vraiment exercé en tant qu'avocat après cela. J'ai continué pendant environ un an, puis j'ai quitté mon poste et je suis devenu professeur de droit en Afrique du Sud, puis juge. Je disais à mes collègues que chaque juge, chaque magistrat, devrait passer au moins une nuit en prison pour comprendre le châtiment que représente l'isolement dans une cellule. Peut-être que cela les rendrait plus cléments. Bien sûr, personne ne l'a fait ! L'une des affaires qui m'a été soumise concernait le droit de vote des prisonniers. J'ai rédigé un jugement très ferme disant que la punition était l'emprisonnement. Si l'on veut que les prisonniers se considèrent comme faisant partie de la communauté et du monde, ils devraient avoir le droit de vote.

Après avoir été victime de l'attentat, vous avez été confronté à votre agresseur. Vous avez renoncé à la vengeance. Quand on défend les droits humains, quelles sont les limites de la politique de la non-violence ?

■ **Albie Sachs :** Lorsque je me suis engagé dans l'action politique, l'ANC (*African National Congress*) affirmait fermement la non-violence, en particulier sous la direction d'Albert Lutuli (1898-1967), qui était ministre du Culte et chef traditionnel. Le gouvernement lui a dit qu'il pouvait être chef traditionnel ou militant politique, mais pas les deux, et il a répondu que le chemin vers la liberté passait par la croix et la non-violence. Pendant ce temps-là, la vie des Noirs empirait. Le 21 mars 1960, il y a eu le massacre de Sharpeville. L'ANC a été interdit. Les gens ne pouvaient même pas manifester. Ils n'avaient pas le droit de vote. Ils ne pouvaient pas se déplacer librement. Ils n'avaient aucune dignité aux yeux de la loi. Ils ne pouvaient même pas protester contre cela. Ils ont donc décidé de recourir à la lutte armée. La violence m'a toujours répugné. J'ai du mal à haïr – encore plus à tuer un homme, quel qu'il soit. Je suis pacifiste de nature, au plus profond de moi, mais j'ai soutenu la lutte armée. Je n'ai jamais suivi d'entraînement militaire moi-même, mais j'ai soutenu la lutte armée. Ils devaient résister et soit c'était une lutte armée disciplinée, organisée, avec des cibles précises, soit cela aurait donné lieu à des attaques sauvages contre des civils.

« *Si nous obtenons l'État de droit, alors ce sera ma douce revanche* »

Voici une deuxième histoire : après l'attentat, je me rétablis dans un hôpital à Londres. Je reçois un message de mon camarade Bobbie Nigel qui me dit : « Ne t'inquiète pas, camarade Albie, nous te vengerons. » Et je me dis : « Me venger ? Cela veut dire que nous allons couper un bras ? Que nous allons crever un œil ? Est-ce là le pays que nous voulons ? » Si nous obtenons la liberté, si nous obtenons la démocratie, si nous obtenons l'État de droit, alors ce sera ma douce revanche. Des roses et des lys pousseront sur mon bras. Ce thème de la douce revanche est devenu le thème de ma vie. Cela semble contradictoire. C'est une revanche, mais ce n'est pas une riposte. C'est le triomphe de nos idéaux et de nos valeurs. Quand je suis revenu et que j'ai espéré rédiger la nouvelle constitution de mon pays, c'était une douce revanche. Quand j'ai voté pour la première fois en tant qu'égal, c'était une douce revanche. Quand je suis devenu juge pour défendre cette constitution, c'était une douce revanche. Quand j'ai encouragé mes collègues à construire un nouveau tribunal sur le site d'une ancienne prison, c'était une douce revanche : c'était transformer les épées en socs de charrue.

Quand j'ai rencontré l'homme qui avait mis la bombe dans ma voiture, je ne lui ai pas hurlé dessus. Il se rendait à la commission « Vérité et réconciliation ». J'étais curieux de le rencontrer. Il a eu le courage de venir me voir. Notre rencontre fut un choc pour lui. Je suis assis dans mon bureau, je lui parlais, il regardait mon bras amputé et il était ému. Il était entré dans mon bureau d'un pas décidé et il est sorti comme un homme vaincu. Je lui ai dit : « Normalement, quand je dis au revoir à quelqu'un, je lui serre la main. Je ne peux pas vous serrer la main. Allez d'abord à la commission Vérité et dites ce que vous savez. »

« Avant le pain, avant la liberté, avant la parole, il y a la conscience »

Un an plus tard, je suis à une fête et j'entends une voix qui dit : « Albie, c'est Henry. » C'était lui. Il avait un grand sourire. Il m'a dit : « Je suis allé à la commission Vérité, j'ai dit tout ce que je savais et ce que vous m'avez dit un jour... » Et j'ai répondu : « Henry, je n'ai que votre visage pour me dire que ce que vous dites est vrai. » Je lui ai serré la main. J'ai failli m'évanouir. Il est parti heureux, puis on m'a dit qu'il était rentré chez lui et qu'il avait pleuré pendant deux semaines. Je ne sais pas si c'est vrai mais je préfère le croire. Il est plus important qu'il ait pleuré que d'être allé en prison.

Je ne suis pas croyant. Je dois lutter très fort pour ne pas feindre une croyance que je n'ai pas. Je ne crois pas en la résurrection : quand je meurs, je meurs. C'est fini. Il n'y a pas d'âme qui s'en va. Mais cela me fait vivre plus intensément parce que cette vie-ci est ma seule chance. Ce serait irrespectueux envers moi-même et envers Dieu, s'il existe, que de feindre de croire. Mais c'est peut-être très respectueux de la conscience. Pour moi, la conscience est la priorité absolue. Avant le pain, avant la liberté, avant la parole, il y a la conscience. Et j'ai eu l'immense plaisir de travailler pendant des années avec Oliver Tambo (1917-1993), qui était le président de l'ANC, l'associé de Nelson Mandela (1918-2013). Il était sur le point d'être ordonné ministre anglican. Lorsqu'il a dû préparer un discours pour une conférence mondiale sur la religion, il est venu me voir. Il n'est pas allé voir le Bureau des affaires religieuses. Le service religieux aurait dit : « Nous savons que c'est catholique ou méthodiste… » Moi, je pouvais sentir ce en quoi il croyait. Nous nous exprimions dans des matrices différentes, nous donnions un sens philosophique différent à notre histoire. Mais j'étais respectueux de ses croyances. Au tribunal, je me suis également battu avec mes collègues pour le droit d'une fille qui portait un anneau dans le nez dans une école de filles où les bijoux étaient interdits. Je me suis battu pour elle avec mes collègues parce que cela faisait partie de son système de croyances.

D'où vous vient votre militantisme ? Y a-t-il eu un événement déclencheur ? Est-ce votre éducation ?

Albie Sachs : Mon militantisme est venu avec ma naissance. C'est même mon nom. Je m'appelais Albert, d'après Albert Nzula (1905-1934), un homme noir qui était un *leader* syndical communiste. Ma mère et mon père se sont rencontrés à la Ligue des jeunes communistes et ils avaient une grande admiration pour lui. Je suis donc né dans cette lutte pour respecter les gens pour ce qu'ils sont et non pour la couleur de leur peau. Ce qui n'était pas si simple, c'était d'accepter la religion traditionnelle africaine. Nous la rejetions comme une superstition, un obscurantisme, un retard. Pour une philosophie antireligieuse, la religion est une mystification. Je n'étais pas très loin de penser cela. C'est un communiste noir qui m'a éduqué. Un jour, lors d'une réunion, il a dit que la mer Rouge s'était ouverte pour les Israélites et qu'ils avaient accédé à la liberté. Alors j'ai dit : « Camarade Johnson, comment pouvez-vous citer la Bible ? » Il m'a répondu : « Camarade Albie, il y a des choses que la politique peut atteindre et d'autres qu'elle ne peut pas atteindre. » Ce fut un grand choc pour moi, mais un choc très salutaire.

> **« Le sport joue un rôle important de cohésion sociale, en particulier le rugby »**

En Afrique du Sud aujourd'hui, les divisions et les séparations raciales sont-elles aussi fortes et marquées qu'elles l'étaient dans les années 1960 ?

Albie Sachs : Nous avons connu d'énormes changements. C'est un pays complètement différent. Mais il y a encore beaucoup de racisme. La race joue toujours un rôle important. Les Blancs sont toujours plus à l'aise que les Noirs. Ce n'est pas un racisme ouvert. Il est souvent déguisé. Le changement a lieu mais il est lent sur ce plan. Nous avons d'autres problèmes : beaucoup de violence, en particulier criminelle par la corruption et les drogues, des féminicides, des violences sexistes. Mais ces problèmes sont régulièrement dénoncés, ce sont des questions publiques qui préoccupent les gens et qui sont l'objet de délibérations collectives. Et nous avons une Constitution forte, très forte, un bon système judiciaire qui peut se dresser contre le Président. Nous nous sommes même dressés contre Mandela. Nous aimions Mandela, mais nous avons dit que certaines choses qu'il avait faites n'étaient pas acceptables et nous ne les avons pas acceptées. Nous avons une presse formidable. Les gens s'expriment librement, ils n'ont pas peur, les Sud-Africains sont très ouverts. Nous avons une culture très riche : la musique, les arts visuels, une danse contemporaine merveilleuse. Nous avons aussi de l'humour. Nous avons Trevor Noah, très intelligent, renommé à l'échelle internationale, mais aussi dans toutes les communautés. En ce sens, c'est une société mature. Car il y a eu un énorme travail d'introspection, de réflexion sur soi, de partage de récits. Je me sens toujours heureux lorsque l'avion atterrit dans mon pays. Le sport y joue désormais un rôle important de cohésion sociale, en particulier le rugby. C'est un blanc qui a compris que nous avions besoin d'un capitaine noir pour tout changer, car jusque-là le rugby était surtout un sport de blancs. Lors des matches, vous voyez désormais une grande foule bigarrée de 50 000 personnes noires, blanches et brunes. Un joueur marque un essai et tout le monde s'embrasse, Noirs comme Blancs. Et c'est quelque chose de très spécial, ces moments inespérés de communion, vous savez.

Avez-vous le sentiment que les droits humains régressent dans le monde ?

■ **Albie Sachs :** Je pense qu'historiquement, ils progressent. Énormément. Il y a quelques reculs ici et là. Mais, en général, par rapport à l'époque de ma jeunesse, le monde est devenu bien meilleur aujourd'hui. Il y a quelques reculs et quelques défis. Les institutions des démocraties sont mises à l'épreuve. Mais j'aime à penser qu'elles en sortiront plus fortes.

Propos recueillis par Nathalie SARTHOU-LAJUS et François EUVÉ.

ETVDES

Retrouvez le dossier « **Questions sociales** »
sur *www.revue-etudes.com*

STABLECOINS : LA NOUVELLE BATAILLE DES MONNAIES

Hubert de VAUPLANE

La création du Bitcoin *et plus largement des cryptoactifs, comme les* stablecoins*, bouleverse l'ordre monétaire et la place de la monnaie dans nos sociétés. Ce serait ainsi une révolution silencieuse qui serait en marche (en 2025, 560 millions d'individus dans le monde possèdent des cryptoactifs), au point d'inquiéter les banques centrales quant à leur objet même, mais aussi les États dans leur souveraineté, à l'exception des États-Unis qui voient dans cette évolution un moyen de consolider la place du dollar et de l'économie américaine dans le commerce mondial et les transactions monétaires.*

La monnaie est une prérogative régalienne. Quelles que soient les époques, les souverains ont disposé du pouvoir de battre monnaie, c'est-à-dire d'émettre de la monnaie, à la fois comme moyen de favoriser le commerce, mais aussi de financer le budget de l'État. La monnaie est un attribut de la souveraineté, théorisée depuis le XVIe siècle par Jean Bodin (1529-1596) : « Il n'y a que celui qui a puissance de faire la loi, qui puisse donner loi aux monnaies. » Ce n'est cependant que tardivement, au début du XXe siècle, que le concept de souveraineté monétaire est apparu et reconnu en droit international. Par souveraineté monétaire, il faut comprendre, pour un État, le pouvoir et la capacité de réglementer sa propre monnaie, comme il l'entend. La politique monétaire, c'est-à-dire l'art de conduire le taux de change et les taux d'intérêt d'une monnaie , est un corrélat de la souveraineté monétaire, apparu au milieu, voire à la fin, du XXe siècle, selon les pays. Ce concept de politique monétaire s'est affranchi de la conduite de la politique économique d'un gouvernement lorsque les banques centrales, à compter d'abord des années 1930 pour certaines mais plus franchement à partir des années 1980 pour la plupart d'entre elles, sont devenues autonomes, puis indépendantes des gouvernements, au nom d'une conception ordolibérale de l'économie[1]. Les banques centrales ont alors disposé de la plénitude du pouvoir monétaire : non seulement celui de création de la monnaie, mais aussi le pouvoir de la conduite de la politique monétaire et, tout au moins au sein de l'Union européenne, de la supervision des banques[2], sans réel contrôle démocratique de leurs actions.

« Quelle place la monnaie doit-elle avoir dans l'organisation de nos sociétés ? »

C'est au moment où elles accèdent à l'indépendance que ce monopole de création monétaire par les banques centrales est contesté, notamment par l'École autrichienne d'économie et en particulier Friedrich von Hayeck (1899-1992) dans son ouvrage *The Denationalization of Money* (1976), préconisant une véritable concurrence entre les monnaies qui seraient émises non plus par les banques centrales mais par des institutions privées. L'arrivée de nouvelles technologies comme la *blockchain* (« chaîne de blocs »), au début des années 2000, bouleverse les fondements de l'ordre monétaire en vigueur : dorénavant, il est possible de voir dans certains actifs numériques des substituts à la monnaie ; et ainsi, de considérer que le pouvoir de battre monnaie peut être transféré à des institutions privées. Avec les *stablecoins*, instruments monétaires numériques émis par des entreprises commerciales[3], l'enjeu n'est donc pas uniquement d'ordre technique, mais politique et démocratique : quelle place la monnaie doit-elle avoir dans l'organisation de nos sociétés ?

---

1. L'indépendance de la banque centrale est ainsi vue comme l'unique possibilité de garantir la protection de l'intérêt général et des droits individuels en matière économique, selon le même modèle du libéralisme politique d'une division des pouvoirs.

2. Les banques commerciales émettent de la monnaie scripturale lorsqu'elles octroient des crédits, alors que les banques centrales créent la monnaie fiduciaire (billets et pièces). C'est pour contrôler l'évolution de la masse monétaire émise par les banques commerciales afin de piloter au plus près la politique monétaire que certaines banques centrales, comme la Banque centrale européenne (BCE), disposent aussi d'un pouvoir de supervision sur les banques commerciales.

3. Un *stablecoin*, comme l'USDC émis par la société Circle ou l'USDT émis par la société Tether, représente un dollar américain sur la base de un pour un. Pour cela, l'émetteur de *stablecoins* adosse les unités numériques émises à une réserve composée de la monnaie dont ces unités reflètent la valeur : un USDC égale un dollar.

C'est à cette question que tentent de répondre le *Bitcoin* lors de sa création en 2009 et plus largement les cryptoactifs, comme les *stablecoins* en particulier. Bien que ni le *Bitcoin*, ni aucun autre cryptoactif, y compris les *stablecoins*[4], ne soient juridiquement parlant une monnaie légale puisqu'ils ne disposent pas d'un cours légal et d'un pouvoir libératoire reconnus par les États[5] (mis à part le cas particulier du Salvador mais qui, sous pression du Fonds monétaire international [FMI], a abandonné le *Bitcoin* comme monnaie officielle), leurs caractéristiques les rapprochent des trois attributs traditionnels de la monnaie : une unité de compte, un intermédiaire des échanges et une réserve de valeurs, au point de pouvoir se substituer de fait aux monnaies légales. Au-delà même des enjeux monétaires liés aux *stablecoins*, l'apparition des cryptoactifs traduit une évolution profonde des actifs financiers et de la monnaie : les uns comme l'autre sont appelés à être représentés sous une forme numérique, en utilisant les technologies dites de « réseaux distribués »[6], permettant des transactions plus rapides, à moindre coût et encore plus sécurisées.

Avec l'accession de Donald Trump à la présidence des États-Unis d'Amérique, le phénomène des cryptoactifs s'est accéléré. Lors de la campagne électorale pour la présidence américaine de 2024, la place des cryptoactifs dans la stratégie numérique des États-Unis est clairement affirmée. Après avoir considéré, lors de son premier mandat présidentiel, que les cryptoactifs étaient dangereux, le président Trump a décidé de placer ceux-ci au cœur de sa stratégie pour confirmer les États-Unis dans leur place de *leader* de l'économie numérique de demain, notamment face aux ambitions de la Route de la soie numérique de la Chine. L'un des premiers actes du nouveau Président a ainsi été de signer un *executive order* pour promouvoir la place des cryptoactifs dans l'économie américaine. Il a ensuite créé une réserve stratégique de *Bitcoin* et d'autres cryptoactifs. Et, depuis juillet 2025, une nouvelle loi fédérale réglemente

4. Les *stablecoins* sont une sous-catégorie de cryptoactifs. Ils se différencient des cryptoactifs comme le *Bitcoin*, l'*Ether* ou autres par leur fonction purement monétaire.

5. Seule la monnaie légale dans un territoire permet de payer valablement sa dette envers son créancier (les juristes appellent cela l'« extinction de la dette »).

6. La technologie de réseaux distribués se caractérise par un fonctionnement décentralisé d'un système pour lequel la programmation, les logiciels et leurs données sont répartis dans plusieurs serveurs et non pas dans un serveur central, communiquant entre eux par des nœuds (ordinateurs) : chaque nœud dispose d'un original des données. Ainsi, contrairement aux systèmes centralisés, où une autorité centrale gère chaque opération, un réseau distribué utilise plusieurs nœuds qui travaillent collectivement de manière indépendante.

les *stablecoins*[7] et un projet en cours de discussion au Congrès prévoit un cadre réglementaire pour réguler les activités relatives aux cryptoactifs autres que les *stablecoins*. L'Europe n'est pas en reste en matière de réglementation sur les cryptoactifs et a adopté un corpus de textes, en vigueur depuis 2024, avec le règlement MiCA (*Market in Crypto-Assets*). Mais les ambitions sont différentes : là où l'Union européenne veut avant tout protéger les investisseurs européens sans réelle vision géostratégique, la présidence Trump voit dans la nouvelle réglementation un outil permettant tout à la fois de protéger les investisseurs américains et de donner un cadre clair aux ambitions des États-Unis en matière d'économie numérique, notamment face à la Chine. La loi se fait ainsi la promotrice de l'ordre géopolitique américain.

« *Le Bitcoin s'affirmait comme une réponse libertarienne* »

Les cryptoactifs, un phénomène récent

Créé en novembre 2008 par une personne (ou groupe de personnes) se faisant appeler Satoshi Nakamoto mais dont l'identité réelle reste mystérieuse, le *Bitcoin* répond à un objectif simple : alors que la crise financière mondiale de 2008 a conduit les banques centrales à injecter des centaines de milliards de dollars et d'euros dans l'économie mondiale, provoquant ainsi un excès de liquidités monétaires et un risque d'affaiblissement des monnaies légales sur le long terme, le *Bitcoin* est conçu comme un actif refuge contre une économie d'endettement centralisée. Il doit permettre à ses détenteurs de posséder un actif non inflationniste[8], totalement indépendant des gouvernements et systèmes bancaires, facilement transférable à un coût quasiment nul sans être affecté par les aléas politiques, économiques et monétaires. Politiquement parlant, le *Bitcoin* s'affirmait

7. Cette loi, connue sous le nom de *Genius Act* (*Guiding and Establishing National Innovation for US Stablecoins Act*), a été adoptée à plus des deux tiers du Congrès américain, reflétant un consensus politique sur l'importance pour les États-Unis d'Amérique de garder le *leadership* du dollar, y compris dans l'économie numérique. Lors de sa signature dans le bureau ovale de la Maison blanche, tous les grands patrons des entreprises numériques américaines étaient présents derrière le président Donald Trump.

8. Le nombre total de *Bitcoins* qui peuvent être émis est limité à 21 millions d'unités, les émissions étant programmées dès l'origine de façon dégressive, le dernier *Bitcoin* émis le sera en 2140. En cela, il se distingue de la monnaie émise par les banques centrales qui peut être émise sans limitation de volume ou de temps.

ainsi comme une réponse libertarienne aux politiques économiques libérales. Cette dimension libertaire originelle des utilisateurs tend toutefois à s'estomper, sans disparaître totalement.

Le *Bitcoin* n'est qu'un des 20 000 cryptoactifs environ existants. L'utilisation de la plupart de ceux-ci reste très limitée, au sein d'une petite communauté. Moins que des « cryptomonnaies »[9], il s'agit le plus souvent de cryptoactifs, c'est-à-dire d'actifs numériques émis par des acteurs privés en vue de financer un projet ou plus largement de lever des fonds dans le cadre d'un projet entrepreneurial. En effet, l'univers des cryptoactifs est assez hétérogène : entre le *Bitcoin*, les *meme coins* émis par des stars du *showbiz* et autres influenceurs ou par le président Trump et sa femme, les *stablecoins*, sans même parler des NFT (*Non Fungible Token*) représentant des œuvres d'art, il existe toute une palette de cryptoactifs. Leur point commun est de recourir à la technologie des réseaux distribués et la cryptographie. S'ils peuvent servir de moyen d'échanges monétaires entre membres d'une même communauté, leur fonction de paiement reste très marginale, sauf pour les cryptoactifs les plus utilisés, c'est-à-dire ceux représentant à la fois un encours en circulation et un volume de transaction importants, et bien sûr les *stablecoins*. Ainsi, sur un total d'environ 4 000 milliards de dollars de capitalisation boursière de cryptoactifs en octobre 2025, les dix premiers d'entre eux représentent plus de 90 % des encours et du volume traité, le *Bitcoin* à lui seul totalisant 60 %.

Les *stablecoins*, un défi pour les monnaies légales

Les *stablecoins* sont des quasi-monnaies. Du fait de leurs caractéristiques, ils représentent de la monnaie légale sans bénéficier de ce statut. Le principe est simple : une société privée émet une créance représentée sous forme d'un cryptoactif dont la valeur est indexée sur une monnaie légale (en pratique le dollar américain[10]), conservée à titre de réserve sur la base de un pour un (à un *stablecoin* émis correspond un dollar en réserve). La valeur d'un *stablecoin* d'un dollar est

9. L'expression « cryptomonnaie », longtemps utilisée, est aujourd'hui délaissée du fait de l'ambivalence de son contenu. On parle de cryptoactifs en général et de *stablecoins* pour ceux d'entre eux qui n'ont qu'une seule fonction monétaire.

10. Plus de 98 % des *stablecoins* aujourd'hui émis le sont en dollar américain.

donc égale à un dollar[11] et, à tout moment, le porteur peut demander à l'émetteur le remboursement du *stablecoin* dans la monnaie légale indexée[12]. Cette activité a longtemps été hors du champ de toute réglementation et certains émetteurs restent encore non régulés, faisant ainsi porter des risques aux porteurs de *stablecoins*[13]. Pour sécuriser les porteurs de *stablecoins*, l'émetteur investit la quasi-totalité du montant de la réserve dans des titres de dettes souveraines de la devise sous-jacente (et donc *a priori* sans risques[14]), permettant au passage d'assurer le financement de cette dette par les porteurs de *stablecoins*. Ainsi, parmi les dix plus gros acheteurs de la dette souveraine américaine figure Tether, le plus important émetteur de *stablecoins*. Et les projections pour les cinq prochaines années estiment qu'environ un cinquième de la dette publique américaine sera détenue par les émetteurs de *stablecoins*[15]. Le rôle des *stablecoins* s'est considérablement accru depuis la pandémie de Covid-19. De simples outils de conversion entre une monnaie légale et un cryptoactif pour les investisseurs sur les marchés de cryptoactifs, les *stablecoins* sont devenus un autre mode de paiement que les modes traditionnels : qu'il s'agisse de paiement entre particuliers, auprès des commerçants, sur les plateformes d'échange de cryptoactifs ou encore de transfert d'argent international. Au point que les principaux émetteurs de *stablecoins* réalisent des profits gigantesques : Tether, le plus important d'entre eux, dégageait à lui seul un bénéfice avant impôts de 15 milliards de dollars en 2024, soit un montant quasi équivalent à celui de BNP Paribas. Et la capitalisation boursière de Circle, l'autre grand émetteur américain de *stablecoins*, est pour sa part équivalente à celle de la Société générale. Ces deux sociétés ont pourtant moins de dix ans d'existence et n'emploient que quelques centaines de personnes.

11. En réalité, comme le cours du *stablecoin* est coté avec un prix d'achat et de vente, il n'est pas exactement de un pour un. De plus, le prix de marché intègre le risque de crédit de l'émetteur du *stablecoin*, ce qui fait qu'en pratique un *stablecoin* représentant un dollar est plus proche de 0,98 ou de 0,99 dollar. En cas de défiance vis-à-vis de l'émetteur, la décote par rapport à la parité du dollar peut être plus importante. On parle alors de « perte d'ancrage » (*depeg*).

12. Ce remboursement s'effectue alors au pair, quel que soit par ailleurs le prix du *stablecoins* sur le marché.

13. L'absence de régulation ne permet pas à un superviseur de s'assurer de l'existence effective de la réserve et du bon respect de la réglementation relative à la lutte contre le blanchiment et le financement du terrorisme.

14. Les intérêts versés par les titres de dette dans lesquels la réserve est investie ne sont toutefois pas distribués aux porteurs des *stablecoins*, mais gardés par l'émetteur des *stablecoins*. De ce point de vue, un *stablecoin* fonctionne un peu comme un fonds d'investissement monétaire dans lequel les rendements ne sont pas distribués aux investisseurs.

15. Ce qui ne manquera pas de changer l'équilibre des forces entre créanciers de la dette publique américaine.

Comment expliquer le succès des *stablecoins* ? Par leurs avantages par rapport à la monnaie fiduciaire.

En premier lieu, ce succès (des *stablecoins*, comme du *Bitcoin* et des autres cryptoactifs) tient dans les caractéristiques de cet actif numérique : dématérialisé, pseudonyme, recourant à la cryptographie comme mode de sécurité des échanges, il permet d'effectuer des transferts sans aucun contrôle gouvernemental. Cette pseudonymie[16] – et non pas anonymat, bien qu'il existe quelques cryptoactifs totalement anonymes – rapproche les *stablecoins* de la monnaie fiduciaire : l'identité du porteur ne peut pas être rattachée à la connexion à l'adresse internet permettant d'accéder aux *stablecoins*. Cet accès à la *blockchain* où sont enregistrés les *stablecoins* peut s'effectuer soit *via* des intermédiaires (réglementés en Europe et dans d'autres pays, mais pas partout), soit directement par leurs détenteurs. Rien n'oblige une personne à passer par un de ces intermédiaires pour détenir ses *stablecoins* et les transférer. De la même manière que rien n'oblige un individu à détenir tous ses avoirs monétaires dans un compte bancaire (ceux-ci peuvent être soit gardés dans un « bas de laine », soit déposés dans un coffre-fort), il n'existe aucune contrainte obligeant à déposer ses *stablecoins* (et plus largement ses cryptoactifs) chez un intermédiaire régulé. C'est cette liberté qui explique en partie la réussite des cryptoactifs[17].

> **« *Le succès des* stablecoins *tient à leur facilité d'usage, à l'instantanéité des transferts* »**

En deuxième lieu, le succès des *stablecoins* tient à leur facilité d'usage, et notamment l'instantanéité des transferts : les transactions sont effectuées en quelques secondes quels que soient le lieu de résidence de l'envoyeur et celui du bénéficiaire, contre plusieurs jours dans le système bancaire traditionnel pour les virements internationaux, voire encore dans certains pays pour les transferts internes. Le coût ensuite : les frais de transfert de *stablecoins* sont minimes (de l'ordre de quelques centimes). Selon une étude de la Banque mondiale, envoyer 200 $ en Afrique *via* les réseaux traditionnels de trans-

16. Pour effectuer une transaction, chaque détenteur de cryptoactifs utilise son adresse publique *via* son portefeuille de crypto-actifs (*wallet*). L'identité des détenteurs de cryptoactifs n'est pas dévoilée (ni leurs données personnelles, ni leur adresse IP ne figurent dans la transaction), mais cette adresse permet à quiconque de consulter l'ensemble des transactions passées par le réseau. Ainsi, ce qui est connu, c'est l'adresse et non l'identité de la personne titulaire de cette adresse.

17. Au titre du droit fiscal, les résidents en France doivent déclarer leurs *wallets* ouverts chez des intermédiaires, y compris hors de France.

fert d'argent coûte 8,3 % du montant transféré alors que la même somme envoyée *via* des *stablecoins* ne coûte que 0,1 %, soit une différence de 98 %. La transparence aussi : l'utilisation de la technologie *blockchain* permet une traçabilité des transactions. Si le transfert est effectué *via* des intermédiaires régulés, ceux-ci sont obligés de vérifier l'identité de l'envoyeur et celle du bénéficiaire. Dans le cas contraire, seule l'adresse sur la *blockchain* sera visible, l'identité liée à cette adresse étant alors plus compliquée à déterminer. Enfin, l'accessibilité : les *stablecoins* ne nécessitent qu'une connexion internet, sans qu'il soit besoin de disposer d'un compte bancaire, alors que l'on estime à près de deux milliards le nombre de personnes dans le monde ne disposant pas d'accès à un compte bancaire. L'achat de *stablecoins* est très facile : il suffit, *via* un compte d'actifs numériques (« *wallet* ») ouvert chez une plateforme de négociation ou chez un intermédiaire financier, voire *via* son propre compte si on ne souhaite pas passer par un intermédiaire, d'acheter sur le marché la quantité désirée en effectuant un virement ou en payant par carte bancaire dans une devise. C'est un peu comme acheter des devises sur le marché des changes, soit en passant par un bureau de change, soit directement.

> **« Les émetteurs de stablecoins deviennent des supplétifs privés au service de l'hégémonie du dollar »**

À côté de ces avantages, les *stablecoins* présentent des limites, voire des inconvénients. Le premier provient, tout comme pour la monnaie fiduciaire, de l'absence de vérification lors du transfert de *stablecoins* entre deux personnes. Ainsi, les avantages évoqués plus haut peuvent se révéler des inconvénients lorsque les *stablecoins* sont utilisés au titre du blanchiment d'activités illicites, voire pire, comme outil de financement du terrorisme. Ce risque est d'autant plus réel qu'un nombre encore important d'émetteurs de s*tablecoins*, à commencer par le plus important d'entre eux, ne sont pas régulés comme acteurs financiers. À cette lacune s'en ajoute une autre : de très nombreuses plateformes de cryptoactifs dans le monde ne sont toujours pas répertoriées comme acteurs financiers régulés, ou bien, lorsqu'elles le sont, elles sont agréées dans des pays connus pour leur laxisme réglementaire. D'où les lois américaines et européennes, notamment, pour interdire à ces acteurs non régulés de proposer leurs services aux résidents américains ou européens en l'absence d'une licence *ad hoc* délivrée par un régulateur américain ou européen.

Les enjeux pour la stabilité monétaire mondiale

Face au phénomène des *stablecoins*, les États, les banques centrales et les institutions financières internationales s'inquiètent, pour plusieurs raisons.

La première est une question d'enjeu de souveraineté, pour les États et pour les banques centrales : pour les États qui voient des monnaies privées libellées en dollar concurrencer leur monnaie légale tout en leur échappant ; pour les banques centrales, qui se trouvent en concurrence avec des acteurs privés qui remplissent les mêmes fonctions d'émission de la monnaie mais à un coût beaucoup plus faible. De ce point de vue, le positionnement des États et celui des banques centrales sont alignés. Il en a été ainsi lors des velléités de Facebook en 2020 de lancer une monnaie mondiale utilisée sur son réseau – le Libra, puis Diem – conduisant les ministres des finances du G7 à s'élever contre le projet. L'unité est toutefois brisée avec l'accession de Donald Trump à la présidence des États-Unis d'Amérique qui ne voit pas dans les *stablecoins* une atteinte à la souveraineté monétaire américaine ; au contraire, l'administration Trump trouve dans les émetteurs de *stablecoins* des supplétifs privés au service de l'hégémonie du dollar, et des acteurs plus agiles et plus efficaces à relever le défi de la numérisation de l'économie mondiale au bénéfice du *leadership* américain. Il y a ici une forte divergence de point de vue avec l'Union européenne mais aussi avec le reste du G7, sans même parler du G20. La déconnexion entre l'émission de la monnaie fiduciaire et la conduite de la politique monétaire n'est pas vue outre-Atlantique comme une hérésie économique. Quant aux banques centrales, c'est presque la question de leur rôle qui est en jeu : la conduite de la seule politique monétaire pourrait en effet être confiée à un conseil indépendant et l'émission de la monnaie confiée à des acteurs privés en concurrence avec l'émission de la banque centrale. Car, derrière l'impression des billets de banque et la frappe des pièces de monnaie, c'est tout le rôle de la banque centrale comme acteur de l'économie qui est en jeu et sa place au sein de celle-ci. Même si une banque centrale n'est pas une entreprise comme une autre, il reste qu'elle réalise des profits ou des pertes en fonction de

> « *L'émergence des stablecoins accélère la marginalisation de la monnaie fiduciaire* »

son activité[18]. Or, une part importante des revenus d'une banque centrale provient de ce que l'on appelle le seigneuriage. Il s'agit de l'écart entre la valeur faciale de la monnaie (le chiffre inscrit sur la pièce ou le billet) et son coût de production, nettement inférieur. Si la part de la monnaie fiduciaire comme actif monétaire continue de baisser, les revenus des banques centrales s'en trouvent affectés. C'est déjà le cas avec la place de plus en plus importante des paiements par carte bancaire ou virement, mais l'émergence des *stablecoins* peut accélérer ce mouvement de marginalisation de la monnaie fiduciaire et conduire à une privatisation des revenus tirés du seigneuriage. Les conséquences de l'émergence des *stablecoins* ne sont cependant pas les mêmes pour des États comme ceux de la Zone euro ou disposant d'une monnaie stable et d'une inflation mesurée avec des infrastructures de paiement solides, que pour certains États connaissant une inflation galopante, une monnaie qui perd de la valeur au fil des ans, en situation d'instabilité politique ou confrontés à des conflits armés internes ou externes. Pour toutes ces raisons, les citoyens de ces pays ne font plus confiance à leur monnaie nationale et préfèrent se tourner vers d'autres devises, comme le dollar. Pour ces pays, le risque est non seulement celui d'une accélération de la dollarisation de leur économie (lorsque cela n'est pas déjà le cas), mais aussi celui de substitution des *stablecoins* libellés en dollar à leur monnaie nationale, et d'éviction de fait de cette monnaie nationale dans les paiements internes. D'autant plus que le caractère transfrontière de l'utilisation des *stablecoins* permet aisément de contourner les réglementations internes, en particulier celles relatives au contrôle des changes.

> ***« L'apparition d'un risque systémique conduisant à fragiliser l'ensemble du système financier mondial »***

La seconde raison d'inquiétude tient au risque de désintermédiation des acteurs financiers traditionnels, rendus fragiles, affaiblissant ainsi les conditions de financement de l'économie, activité dévolue traditionnellement aux banques et aux marchés financiers[19] ; d'où l'apparition récente de différentes réglementations imposant aux

18. Les revenus sont alors versés à titre de dividendes aux actionnaires. En France, compte tenu du statut de la Banque de France, c'est l'État qui perçoit ces dividendes. Si, depuis deux ans, les résultats de la Banque de France sont négatifs, la Banque de France a accumulé, de 2015 à 2022, un résultat ordinaire avant impôt de +45,8 Mds€. Elle a versé 16,3 Mds€ d'impôts sur le bénéfice des sociétés et 15,5 Mds€ de dividendes à son actionnaire unique, l'État français.

19. Le risque étant que les dépôts bancaires soient transférés vers les *stablecoins* ; or ce sont ces dépôts qui permettent aux banques d'effectuer des crédits à l'économie.

acteurs des cryptoactifs et des *stablecoins* des contraintes de fonctionnement proches de celles des banques et des intermédiaires de paiement au nom du principe : « Même activité, même risque, même réglementation. » Ces mêmes acteurs traditionnels ont bien compris les enjeux en prévoyant de se lancer eux-mêmes dans ces activités, tout au moins aux États-Unis, les acteurs financiers européens étant plus frileux en la matière, du fait notamment des fortes réticences de la Banque centrale européenne (BCE) face aux *stablecoins*.

Le troisième risque mis en avant l'est par les institutions financières internationales, comme le FMI ou le Conseil de stabilité financière : l'apparition d'un risque systémique conduisant à fragiliser l'ensemble du système financier mondial. Même si aujourd'hui l'interconnexion entre les marchés financiers et bancaires, d'une part, et les marchés de cryptoactifs, d'autre part, est encore faible et, dès lors, l'existence d'un risque systémique peu probable, le rôle croissant des banques et autres acteurs traditionnels de la finance dans les cryptoactifs et les *stablecoins* peut conduire à ce que des problèmes sur les cryptoactifs déclenchent, par un effet de dominos, une crise globale. Le cas n'est pas théorique, puisque l'année 2023 a vu la faillite des trois banques américaines de taille moyenne (SVB, SilverGate et Signature) fortement impliquées dans les activités de cryptoactifs. La taille modeste du bilan de ces banques n'a pas entraîné une crise systémique mais leur faillite a été perçue comme une alerte pour un tel risque à l'avenir.

Que penser de cette évolution ?

La question n'est plus aujourd'hui de savoir ce que l'on doit penser ou non des *stablecoins*, mais de déterminer la réponse à apporter face à ce phénomène. La réponse de la BCE aux *stablecoins* est le lancement de l'euro numérique. Mais cette réponse n'est pas la mieux adaptée. D'abord parce que le risque de remplacement de l'euro par les *stablecoins* en dollar est faible compte tenu des nombreux atouts du système bancaire et des infrastructures de paiement en Europe ; ensuite parce que les cas d'usage de l'euro numérique sont aujourd'hui inexistants ou, pour être plus précis, ils trouvent déjà une réponse par la numérisation des moyens de paiement proposés par les banques européennes ; mais aussi parce que l'absence de réponse adéquate ne fera que consolider la domination du dollar comme devise de référence des *stablecoins* ; enfin, parce que les pays qui étaient les plus avancés dans la voie de la numérisation de leur monnaie (comme la Suède) font aujourd'hui marche arrière (à l'exception de la Chine) devant l'absence de consensus de la part tant des banques commerciales que des entreprises et de la population, notamment au regard des risques en matière de protection des données privées collectées par les banques centrales et le souci de ne pas voir disparaître la monnaie fiduciaire. Là, comme pour l'intelligence artificielle et les autres activités numériques, la réponse doit être de faciliter l'émergence d'acteurs européens en mesure de rivaliser avec les acteurs américains[20].

Le véritable enjeu est ailleurs. Ce qui est en débat avec les *stablecoins*, c'est la place du secteur privé dans l'économie monétaire. Il est difficile de dire si le monde se dirige vers une concurrence monétaire comme l'entendait Hayek, mais il est certain que ce phénomène, légitimé par une technologie robuste et efficace, constitue une défiance envers l'État et ses prérogatives les plus régaliennes[21], s'inscrivant dans un courant de pensée plus large autour du « moindre État », sans doute au plus grand bénéfice de quelques acteurs privés et, à n'en point douter, américains.

Hubert de VAUPLANE

Retrouvez le dossier « **Théorie économique** »
sur *www.revue-etudes.com*

20. L'objectif peut paraître démesuré quand on sait que la seule banque JP Morgan Chase pèse en bourse, à elle seule, autant que l'ensemble des dix premières banques européennes.

21. Dans ce monde technologique, les acteurs font plus confiance à la technologie elle-même qu'aux lois (selon l'expression de Lawrence Lessing en 1999 : « *Code is law* »).

MACHIAVEL, NOTRE CONTEMPORAIN

Paul VALADIER

Nul n'en doute : Machiavel est un homme de la Renaissance, profondément lié au sort et aux tourments politiques de Florence. Son œuvre est incompréhensible si l'on oublie ce contexte, puisque lui-même écrit pour les princes de sa ville, les Médicis, et qu'il s'est engagé avec plus ou moins de bonheur dans la vie politique par des ambassades en France ou dans les questions de défense militaire. Et pourtant, est-il possible de le tenir pour notre contemporain sans faire d'anachronismes insoutenables ? C'est-à-dire sans tirer à soi une pensée qui a pourtant pesé lourd dans la tradition politique de l'Occident, et sans doute au-delà ?

En réalité, une pensée n'est vivante et inspirante que si elle continue d'interroger et d'éclairer l'actualité, faute de quoi elle relève des musées où elle est embaumée, parce que morte. Or les écrits de Nicolas Machiavel (1469-1527) nous concernent toujours, même si, bien évidemment, il n'est pas question de prétendre que, comme tels, ils valent pour aujourd'hui sans la tâche interprétative qui s'impose. Et si ces écrits ont souvent été lus comme dangereux et funestes, justifiant, pensait-on, les pires travers des pouvoirs politiques, nous bénéficions de nos jours de relectures qui ont dénoncé les contresens faits à leur propos. On ne retiendra ici que le travail majeur et sans égal de Claude Lefort (1924-2010) dont la lecture patiente et minutieuse a fait revivre une pensée puissante, qui a d'ailleurs largement inspiré sa propre philosophie[1]. Lire Machiavel, c'est s'imposer de penser par soi-même à partir de lui, non d'imiter une œuvre bien enracinée dans une époque précise.

La fragilité du politique

La Florence de Machiavel était travaillée par d'incessantes intrigues et « coups d'État », qui contribuaient grandement à l'instabilité de la ville et compromettaient son rayonnement économique. Et si Machiavel a cherché à jouer un rôle, ce fut pour tenter de donner aux pouvoirs politiques une stabilité et une permanence toujours menacées, soit de l'intérieur de la ville par les conflits entre familles aristocratiques, soit par les dangers extérieurs provenant des puissances étrangères (France) ou de villes rivales (Pise), dans une Italie fragmentée et donc livrée aux conquêtes qu'une telle situation facilitait. D'où son insistance sur le pouvoir et son maintien, d'où ses conseils aux princes pour le conquérir et le conserver car, instable et fragile, toujours plus ou moins en péril, il hypothéquait la quiétude des citoyens et favorisait les conflits de toutes sortes qui ne pouvaient que nuire à la ville.

« Nous sommes les témoins de la fragilité de nos démocraties »

Sans doute est-ce dans ce souci de la permanence du pouvoir que la pensée de Machiavel nous inspire le plus. Nous sommes en effet les témoins de la fragilité de nos démocraties : loin d'être des régimes assurés d'eux-mêmes, nous constatons au contraire à quel point ils sont en danger, soit à cause de leurs vices internes, soit en raison des menaces des plus forts ou des plus violents[2]. Leurs faiblesses internes d'abord, car nous constatons que les « peuples », à la base de nos systèmes démocratiques, peuvent se laisser séduire par le populisme, la démagogie, les extrêmes ; nous voyons aussi combien ils sont menacés par des nationalismes qui replient nos États sur eux-mêmes, dans la défiance à l'égard de l'étranger ou de l'immigré. L'exemple extrême

1. Claude Lefort, *Le travail de l'œuvre Machiavel*, Gallimard, « Tel », n° 103, 1972, réédition 1986 ; voir aussi son œuvre personnelle, par exemple dans *Essais sur le politique, XIXe-XXe siècles*, Seuil, 1986.

2. Ainsi ce constat de Giuliano da Empoli, auteur notamment de *L'heure des prédateurs* (Gallimard, 2024) : « Nous vivons un moment où les anciennes règles de légitimité se sont effondrées, comme à l'époque de Machiavel et de César Borgia, lorsque les institutions des républiques italiennes de la Renaissance s'écroulaient », dans *Le Figaro* du 6 août 2025, p. 17.

des États-Unis de Donald Trump montre en effet qu'une nation, qui se targuait de ses traditions démocratiques, ploie sous des décisions arbitraires qui, sous prétexte de restaurer sa grandeur (« *Make America Great Again* »), démantèlent des institutions scientifiques, intimident des universités, coupent les vivres aux systèmes de santé ou d'entraide aux pays les plus pauvres, pourchassent des journalistes, purgent les musées des œuvres considérées peu « conformes »... Or il semble bien que de telles dérives soient inspiratrices ailleurs qu'aux États-Unis et que certains peuples soient tentés de faire confiance à des hommes prétendument forts et capables de piétiner les valeurs démocratiques, en particulier les droits humains ou le respect des plus démunis. Nos systèmes n'en sont pas moins menacés aussi de l'extérieur : l'augmentation fantaisiste des droits de douane par Donald Trump déstabilise l'économie mondiale, sans parler des tentatives impérialistes de la Russie de Vladimir Poutine qui rêve de « gloires » passées et constitue ainsi de redoutables dangers d'agression militaire, voire nucléaire. Et l'on devrait aussi évoquer le terrorisme islamiste ouvertement hostile à nos systèmes démocratiques...

Nous nous apercevons, en effet, que les barrages conçus par nos systèmes, que sont par exemple nos Constitutions, peuvent être facilement contournés et attaqués par des politiciens sans scrupule et, du coup, ce qui nous paraissait assurer la tranquillité de la vie publique et la prospérité de nos États devient leur fragilité même. Et par là, nous ne sommes pas très loin de l'expérience du Florentin, déplorant les instabilités du pouvoir des princes et aussi les menaces des extrêmes idéologiques, telles qu'elles apparaissaient avec le dominicain Savonarole qui visait, au travers de sa prédication, à instituer un État théocratique, dont le style n'est pas sans rappeler celui que proposent certains extrémistes musulmans[3] !

La face noire du pouvoir

Devant de telles fragilités intrinsèques, la tentation est grande de « muscler » nos systèmes démocratiques, autrement dit de multiplier des législations assurant prétendument la sécurité des citoyens devant les menaces d'invasion (immigrés) et d'attaques (terrorismes).

3. Jérôme Savonarole, *Sermons, Écrits politiques et pièces du procès*, Seuil, 1993 ; voir Jean-Louis Fournel et Jean-Claude Zancarini, *Savonarole, L'arme de la parole*, Passés / Composés, 2024.

Et, de ce fait, nos démocraties risquent de glisser vers des systèmes qu'on appelle « illibéraux », dans lesquels un crédit est aveuglément accordé à une autorité forte, supposée capable de museler les oppositions, ou ce qu'on prétend tel. C'est ainsi que se trouvent remis en question la liberté de la presse, les partis politiques d'opposition, les immunités universitaires, voire les Églises quand elles protestent contre des politiques défavorables aux plus faibles. Aux menaces liées à la faiblesse, on croit volontiers répondre par des décisions politiques radicales qui ne sont pas, malheureusement, sans plaire aux populations qui réclament toujours plus de surveillance et de contrôles dans les espaces publics.

« Un crédit est aveuglément accordé à une autorité forte »

Tout cela révèle ce que Machiavel avait bien vu et qu'on pourrait appeler la « face noire » du pouvoir, de tout pouvoir, qu'il soit politique, économique ou spirituel. Sous prétexte d'assurer la paix publique, qui soucia tellement Hobbes à une époque de guerres civiles religieuses, on verse dans un État autoritaire, avec droit de vie et de mort sur les citoyens, comme Hobbes et tant d'autres après lui ne manquèrent pas de le faire. Certes Machiavel ne tombe pas dans un tel travers, mais il n'hésite pas à affirmer qu'un nouveau prince ne doit pas craindre de faire tomber quelques têtes pour s'assurer du pouvoir ! Il ne doit cependant point ensuite poursuivre dans une telle politique, sous peine de devenir impopulaire et donc d'être menacé de rébellion. Bien au contraire, il doit en quelque sorte s'effacer pour laisser les citoyens vivre leur vie telle qu'ils l'entendent. Prince silencieux, mais vigilant, car il doit savoir qu'une société est toujours travaillée de tensions entre groupes sociaux, que les puissants veulent imposer leur domination, tandis que les peuples sont portés à se soulever devant des injustices ou des privilèges trop criants[4]. Cette agitation n'est pas mauvaise en elle-même, car une société doit pouvoir « exhumer ses humeurs[5] » comme tout organisme vivant le fait ; mais encore faut-il que de telles « humeurs » soient canalisées et ordonnées au bien de la République.

4. « En toute cité on trouve deux humeurs contraires : le peuple n'aime point être commandé ni opprimé par les grands, les grands désirent commander au peuple et l'opprimer », *Le prince*, chapitre IX. Est-ce une anticipation de la « lutte de classes » ?

5. *Discours sur la première décade de Tite-Live*, livre I, chapitre VII : « Si ces haines ne trouvent point d'issue normale, elles recourent à la violence, ruine des Républiques. Rien au contraire ne rendra une République ferme et assurée comme de canaliser, pour ainsi dire, par la loi, les humeurs qui l'agitent. Il est donc essentiel, dans une République, d'avoir des institutions qui fournissent à la masse des citoyens des moyens d'exhaler leur aversion contre un autre citoyen. »

Faute de quoi le mécontentement s'installe et le désordre domine dans la vie publique[6]. Bel enseignement pour nous : toute démocratie vivante est faite de tensions et de conflits, et il est bénéfique qu'il en soit ainsi, car de cette façon le « peuple » peut dire ses attentes ou ses frustrations, et le pouvoir politique, le prince, les « traiter » comme il se doit. Sinon, le pouvoir est aveugle et le peuple réprimé ou faussement silencieux.

Des conseils aux princes

Il faut donc que le prince (les pouvoirs politiques) entende ces humeurs, ne s'enferme pas dans ses certitudes, ne croie pas mieux savoir que son peuple en quoi consiste son bien, car ce sont les peuples qui savent ce qui leur convient et, de ce point de vue, Machiavel est un républicain[7]. Il faut que le prince « traite » ces humeurs, prenne les décisions qui conviennent, car il doit reconnaître que des divisions essentielles traversent toute société et qu'on a toujours, d'un côté, ceux qui veulent dominer et, de l'autre, ceux qui n'acceptent pas de l'être. Il lui faut par conséquent viser à trouver un juste équilibre entre les uns et les autres, et voilà aussi en quoi consiste la sagesse politique, rare en effet chez des princes toujours tentés de croire qu'ils en savent plus que la populace ou portés à s'appuyer unilatéralement sur une seule couche de la population. Entendre les « humeurs », mais les mesurer à la survie de la cité, est une sorte de quadrature du cercle, en lequel consiste tout l'art politique.

Car le prince ne peut pas se contenter de suivre les courants, de se plier à qui crie le plus fort et provoque le plus de bruit ou de désordre dans les rues. Il a un rôle essentiel à jouer qui consiste à anticiper les événements, d'abord bien sûr à « saisir l'occasion », donc à s'emparer des problèmes dès qu'ils se posent, sans attendre que la situation se dénoue d'elle-même. Cette attitude suppose un souci réaliste, qui oblige à bien considérer « les choses mêmes[8] » et non les rêves utopiques, non pas non plus des programmes politiques élaborés en dehors des circonstances réelles où se trouve une cité.

6. Le cas dit des « gilets jaunes » en France illustre assez bien ce phénomène d'agitation de grande ampleur, paralysant le pouvoir politique.

7. Ce qui apparaît dans les *Discours de la première décade de Tite-Live*, plus que dans *Le prince*.

8. « *La verità effettuale della cosa* », *Le prince*, chapitre XV. L'idée de *kairos* était déjà présente chez les penseurs de la Grèce antique et il est possible que Machiavel se soit inspiré de leurs écrits, mais il fut plus « romain » que « grec ».

Mais, plus encore, il doit prévoir l'avenir, une anticipation dont le peuple, préoccupé par ses affaires quotidiennes, ne peut pas avoir le souci. Ce qui conduit éventuellement le pouvoir à prendre des décisions impopulaires, mal comprises, que l'opinion jugera vaines ou inutiles. Le Florentin prend l'exemple de l'Arno, rivière la plupart du temps paisible qui traverse Florence, mais capable aussi de crues dévastatrices et imprévisibles : il revient à un prince prévoyant d'édifier canaux et barrages pour endiguer les inondations, ce que le peuple en des moments tranquilles jugera coûteux et inutile. Il en viendra alors à juger le prince « mauvais », dépensier, insensible aux problèmes immédiats des gens, mais le jour où l'Arno se déchaînera et où les barrages montreront leur efficacité, le peuple jugera au contraire qu'un tel prince était « bon » et louera ses décisions anticipatrices. Il avait su protéger une cité qui se croyait à l'abri des dangers. Ce n'est pas que l'humeur du peuple soit changeante, mais c'est que celui-ci n'avait pas eu la possibilité de prévoir ce qu'un bon prince, lui, a le devoir d'anticiper ! Ainsi le prince ne doit pas craindre de prendre des mesures au premier regard impopulaires, mais en expliquant à quel point cette liberté à laquelle tient le peuple est en jeu dans de telles décisions[9].

> ***« Grossir les éventuels dangers pour « faire passer » des décisions impopulaires »***

Comment douter de l'actualité d'une telle proposition ? Des gouvernements sans vue d'avenir ont affaibli militairement l'Europe et ont trop facilement cru en une paix assurée dans nos contrées, de même ils n'ont pas anticipé les désastres écologiques contre lesquels il est désormais bien difficile de parer. Il eût fallu en des temps d'insouciance, celle des peuples, prendre des mesures impopulaires, qui auraient inévitablement suscité des critiques et des oppositions, mais qui, plus tard se seraient révélées prémonitoires[10]. Il existe donc une intelligence propre au politique que Machiavel a judicieusement rappelée, intelligence d'anticipation, de prévision, de regard au-delà de l'immédiateté, non sans ajouter aussi qu'il convient aux pouvoirs d'expliquer aux peuples les raisons de décisions apparemment inopportunes et montrer en quoi elles

9. « La lecture de l'histoire nous fait connaître les dommages et les préjudices que subit une ville ou un peuple de la perte d'un bien aussi précieux – la liberté. [...] L'expérience prouve que jamais les peuples n'ont accru leur richesse et leur puissance, sauf sous un gouvernement libre. [...] C'est le bien général et non l'intérêt particulier qui fait la puissance d'un État. » (*Discours*, livre II, chapitre II, p. 516).

10. On pourrait aussi considérer l'absence de politique prévoyante en matière de démographie, si importante pour la survie des nations. Le vieillissement de l'Europe témoigne du peu d'attention portée à une question proprement « vitale ».

anticipent un avenir qui peut être dangereux. Et s'il est une « ruse » politique que recommande aussi le Florentin, c'est bien de grossir les éventuels dangers pour « faire passer » des décisions impopulaires.

Certes, nos sociétés sont devenues fort complexes et l'on sait à quel point les anticipateurs peuvent se tromper en annonçant des catastrophes qu'on ne voit jamais venir. Ce risque annule-t-il le diagnostic machiavélien ? Nul doute qu'ici encore il revient au prince de savoir s'entourer et de ne pas se laisser duper par les défaitistes. Là surtout doit s'exercer une sagesse proprement politique qu'on retrouve en toute entreprise économique où il convient aussi de chercher à anticiper la vie des marchés et la situation internationale. Tâche difficile qui suppose toute une « éthique », c'est-à-dire une série d'exigences qui doivent tenir en éveil le responsable politique. De ce point de vue, la pensée de Machiavel n'est nullement a-morale ou im-morale : elle s'emploie à avancer des propositions qui obligent tout décideur et ce qu'il appelle « le prince », qui se doit, plus que tout autre, de s'y soumettre.

« La pensée de Machiavel n'est nullement a-morale ou im-morale »

Ainsi revient-il au prince de prendre en compte ce que le Florentin appelle la *fortuna*, c'est-à-dire des circonstances et des données concrètes qui s'imposent à toute décision ; car il ne doit point se résigner à laisser le destin prendre le dessus ; sa *virtu* consiste au contraire à chercher quelles sont les possibilités d'action que comporte aussi une telle situation apparemment inéluctable[11]. Le courage politique consiste précisément à savoir jouer sur les possibles que comporte toujours un moment, si insurmontable soit-il. Un tel devoir fait toute la responsabilité propre au prince, car le peuple en est incapable.

C'est dire à quel point Machiavel enseigne le réalisme, mais nullement la passivité. Et pour savoir trouver les issues à une apparente impasse, le prince doit s'inspirer de plusieurs principes : d'abord tirer les leçons du passé[12], sans chercher à les reproduire, sans croire non plus à une totale nouveauté ou supériorité de l'époque actuelle[13] ; ensuite, se convaincre que les hommes sont plutôt portés à la violence

11. Sur le couple *fortuna* et *virtu*, voir par exemple *Le prince*, chapitre XXV.

12. Et ce n'est pas pour rien que Machiavel se penche longuement sur les origines de Rome en étudiant Tite-Live.

13. Par là, le Florentin est loin de l'esprit des Lumières qui croyaient à un progrès indéfini des civilisations ou au passage de l'état de mineur à celui de majeur, comme Emmanuel Kant dans *Was ist Aufklärung...*

(ils sont « méchants »), plutôt qu'à la concorde et à la fraternité[14], ce que malheureusement une actualité bien vivante ne cesse de montrer (guerres, tortures, oppressions économiques, infox [*fake news*], haines politiques partisanes, contraintes idéologiques ou religieuses, etc.). Mais il doit aussi admettre qu'un pouvoir n'est jamais établi une fois pour toutes. D'où la formule « se réemparer du pouvoir[15] », qui peut trouver une traduction démocratique dans nos systèmes d'élection qui assurent un renouvellement régulier des responsables, point lui-même remis en question par tous ceux qui trafiquent les constitutions pour assurer leur permanence au pouvoir.

Limites et écueils de Machiavel

Nul doute que Machiavel ne soit un républicain convaincu, comme le montre sa confiance dans le peuple. « Un peuple qui commande et qui est réglé par de bonnes lois est prudent, constant, reconnaissant, autant, et même à mon avis plus, que le prince le plus estimé par sa sagesse. Ce n'est donc pas sans raison qu'on dit que la voix du peuple est la voix de Dieu », formule qui peut surprendre sous sa plume et dont on peut douter qu'il l'adopte pleinement. Car le peuple n'est sage qu'encadré de bonnes lois sans lesquelles « il ne fait que des folies. Comparer un roi lié par des lois, un peuple enchaîné aux siennes, vous verrez moins de folies chez le peuple que chez le prince, elles seront moins graves, il sera plus facile d'y remédier[16] ». Or les fortes défiances actuelles dans nos institutions, pour ne rien dire de celles qui affectent les pouvoirs en général, rendent problématique la belle confiance de notre auteur. Et pourtant lui-même ne manque pas d'invoquer la décadence des institutions et des civilisations (des peuples) : l'usure du temps ou la corruption des élites et de celle, complice, du peuple finissent par exténuer la cité et la détruire du dedans. Et il est vrai que nous entendons beaucoup d'esprits affirmer de nos jours que la civilisation occidentale, européenne, est à bout de souffle ou que la vieille Europe ne peut que s'effacer devant de nouvelles et jeunes puissances. Faut-il approuver ce diagnostic ?

14. « Tous les écrivains qui se sont occupés de politique [...] s'accordent à dire que quiconque veut fonder un État et lui donner des lois doit supposer d'avance les hommes méchants, et toujours prêts à montrer leur méchanceté toutes les fois qu'ils en trouveront l'occasion », *Discours, op. cit.*, livre I, chapitre III.

15. Voir *Discours, op. cit.*, livre III, chapitre I, pp. 607 et suivantes.

16. *Discours, op. cit.*, livre I, chapitre LVIII.

Ce serait sans doute s'abandonner à la *fortuna*, à une loi de l'histoire inéluctable ou méconnaître les puissances de renouvellement des peuples, et donc abandonner tout courage (*virtu*). Et ici nous devons diverger du Florentin, car même si, comme on l'a dit, sa conception de l'histoire n'est nullement celle d'un progrès assuré vers le plus grand bonheur de tous ou la paix perpétuelle qu'annonçait Emmanuel Kant, elle est celle d'une chute inévitable des cités, leur décadence assurée selon une cyclicité qui peut faire penser au retour éternel de toutes choses de Friedrich Nietzsche. Toute civilisation connaît des hauts et des bas, des fléchissements qui laissent croire à son effondrement prochain. Ils modifient certes profondément le cours des choses, mais si l'Europe, au lendemain de la Seconde Guerre mondiale, paraissait écrasée par les destructions de la guerre et l'abattement des populations, elle a su se relever magnifiquement grâce à certains « princes » avisés (Konrad Adenauer, Alcide De Gasperi, Robert Schuman, etc.), sans qu'on remarque assez que ces hommes ont trouvé, dans leur foi religieuse, les raisons d'espérer et de construire malgré les ruines. Or Machiavel, en bon témoin de son temps, ne pouvait guère attendre du catholicisme dominant les ressources pour une quelconque renaissance. Il était témoin d'une Église largement corrompue, du moins dans ses élites, et plus encore il estimait qu'un retour aux origines évangéliques serait pire que le mal, tant, à ses yeux, le christianisme détourne des vertus indispensables à la vie de la cité, ne fixant les yeux que sur l'au-delà[17].

> **« Machiavel était témoin d'une Église largement corrompue »**

Or nous pourrions soutenir, tout à l'inverse de Machiavel, que la « cité européenne » ne trouve que peu d'autres sources positives, sinon dans la religion ; celle-ci, le christianisme en particulier, est capable de lui donner le courage de l'espérance et, malgré tous les obstacles et les incertitudes, d'espérer contre toute espérance. Car, nous en sommes témoins, les grands « récits » ou les idéologies du sens positif de l'histoire sont bien morts, après avoir produit tant de ravages. Ce qu'on a pu appeler le « présentisme » menace, limitant le regard des peuples à l'immédiat, décourageant ainsi tout esprit d'entreprise audacieux. Or,

17. « Notre religion place le bonheur suprême dans l'humilité, l'abjection, le mépris des choses humaines. [...] Si elle exige quelque force de l'âme, c'est plutôt celle qui fait supporter les maux que ceux qui portent aux fortes actions » (*op. cit.*, livre II, chapitre II, p. 519) ou encore « à persuader le peuple qu'il est mal de médire de ceux qui gouvernent mal ; qu'il est bon et utile de leur montrer obéissance et de laisser à Dieu seul le soin de punir leurs égarements » (*op. cit.*, livre III, ch. I, p. 610).

en matière religieuse, les choses ont bien changé, ce que nous devons sans aucun doute aux types de critiques du Florentin (entre bien d'autres) qui ont obligé les Églises à réinterpréter leur message et à retrouver l'idée qu'une religion de l'Incarnation ne détourne nullement de « la chose même », de la réalité historique, mais oblige au contraire à s'y confronter[18] ! Qui a mieux alerté sur la crise climatique que le pape François avec l'encyclique *Laudato si'* ?

Une telle possibilité n'est évidemment pas totalement assurée, et la religion peut elle-même s'enfermer dans la nostalgie de l'ancien temps passé ou se replier sur des origines prétendument pures par fondamentalisme. Il revient donc à des libertés motivées de ne pas se laisser séduire par la *fortuna*, c'est-à-dire par le défaitisme, pas non plus par l'illusion d'un changement complet du monde (danger des utopies forcément décevantes devant la résistance du réel historique). Machiavel peut, à cet égard, nous aider à affronter la « réalité effective de la chose », dans le travail patient des peuples et sous la conduite qu'on peut espérer éclairée ou avertie des princes de ce monde… Il peut aussi nous rappeler ce lugubre refrain : toute cité peut se déliter et disparaître de l'histoire, si elle s'abandonne à la *fortuna* !

Paul VALADIER

Ce texte sera également publié dans la revue portugaise
Portuguese Journal of philosophy.

18. On peut se convaincre des changements (au moins théoriques) en lisant les textes du concile œcuménique Vatican II, en particulier la « Constitution pastorale sur l'Église dans le monde de ce temps », *Gaudium et spes*, du 7 décembre 1965 (textes publiés aux Éditions du Centurion, 1967).

CHRONIQUE

de Jean-Philippe Pierron
Philosophe, Université de Bourgogne,
directeur de la chaire « Valeurs du soin »

Sentiment océanique

L'année 2025 fut l'année de la Mer. Elle attestait de la mer comme d'un milieu de vie et protestait contre les effets de dévastation désormais inévitables. Elle savait la défaite de ce milieu et, avec lui, la disparition d'expériences riches en mondes. En juin 2025, à Nice, s'est tenue la troisième Conférence des Nations unies sur l'Océan (UNOC 3). Elle ambitionnait d'œuvrer à rehausser le niveau de protection de l'océan, de soutenir le développement d'une économie bleue durable et de mieux diffuser les connaissances liées aux sciences de la mer afin de politiquement mieux décider. Elle s'est soldée, une fois encore, par l'échec des négociations sur les rejets de plastiques, les parties prenantes industrielles demeurant inflexibles. Or tous ces « vivants dont l'habitat est détruit, qui avalent du plastique jusqu'à en crever, qui survivent dans des endroits de plus en plus dépeuplés ne connaissent-ils pas la détresse[1] ? » Le silence des réponses à cette question confirme un paradoxe. Nous n'arrivons toujours pas à croire ce que nous savons de la catastrophe écologique et sociale. Comment corriger cette anesthésie sinon par un soin de nos relations sensibles à la mer ? Aux blocages mercantiles nous « ancrant dans un présent inoffensif et lisse[2] » ne doit-on pas opposer une relation affective, non à la mer en général, mais à la rugosité d'une mer, d'une plage, d'une rive, d'une vague et y devenir sensibles en louanges ou en passions tristes ? N'y a-t-il pas à se sentir intérieurement engagé pour se mobiliser extérieurement[3] ?

Sur le mode de la louange, on va à la mer avec des joies d'enfant et des enthousiasmes de fou chantant : « La mer / Au ciel d'été confond / Ses blancs moutons / Avec les anges si purs / La mer, bergère d'azur /

1. Isabelle Stengers, *Résister au désastre*, avant-propos de Marin Schaffner, postface d'Émilie Hache, Wildproject, 2019, p. 37.

2. Lucie Taïeb, *Freshkills, Recycler la terre*, Éditions La Contre allée, « Un singulier pluriel », 2020, p. 15.

3. Visiter l'exposition « Voir la mer », commissariat d'exposition Lauranne Germond, Maif Social Club, 37 rue de Turenne, 75003 Paris, jusqu'au 25 juillet 2026 (sur *programmation.maifsocialclub.fr*).

Infinie. » La mer, simplement, nous infinitise. Elle nous grandit de son souffle aux inspirations longues, de son horizon et de ses gouffres, de son énergie et de sa force. Plus, l'appel de la mer a quelque chose de métaphysique et d'abyssal lorsque, créatures de l'eau, nous la considérons comme la sœur de l'océan primitif dont nous aussi sommes issus.

Sur le mode de l'affliction, la mer est le miroir implacable des effets entropiques de l'activité humaine. On vient voir la mer et très vite on plonge dans l'amer. L'océan (*Océanos*, en grec ancien Ὠκεανός) est un Titan, fils d'Ouranos (le Ciel) et de Gaïa (la Terre). Il porte un nom de géant mais il est un colosse aux pieds rongés par l'acidification des eaux. Ses masses d'eau gigantesques, envisagées comme des écosystèmes (fond marin, mangrove, abysse, littoral), se découvrent vulnérables, incapables désormais de supporter les charges de la pression anthropique. À leur surface et sur leurs rives, les mégots de cigarette représentent 40 % des déchets plastiques retrouvés sur les plages européennes. En haute mer, les chalutiers géants de la pêche industrielle réalisent le sinistre record de 3 800 kilos de poissons pêchés chaque seconde dans le monde. Plus loin, la création non *ex nihilo* mais *per nihilo* d'un nouveau continent de plastiques et de déchets signe une noire cartographie. Une plongée à la verticale, sous des kilomètres d'eau salée, découvre un plancher océanique où les humains laissent macro-épaves et microplastiques. Enfin, à l'horizontal et tout autour du globe, véritable plateforme du libre-échange débridé, plus de 100 000 navires de commerce sillonnent, exploitent et trop souvent souillent la surface des océans. Qu'on prenne un sextant ou un GPS, l'océan est partout et nous faisons nos vies grâce à lui, parfois avec lui mais le plus souvent contre lui. Même la Méditerranée, berceau de civilisations, devient leur tombeau. La *Mare nostrum*, qu'on aimerait traduire par « notre mèr·e », s'éloigne.

Alors monte-t-il en nous le trouble sentiment océanique ? Il est porté par une puissance qui submerge et emporté par la tristesse de ce qui ne tient plus, malmène, chavire et s'engloutit : menace de l'avenir. Trouve-t-on encore dans le chant des vagues de quoi consoler notre vague à l'âme et soutenir nos répliques politiques ? Entre ce qui n'est plus et qui n'est pas encore, la mer est désormais notre puits de chagrin. Les larmes séchées sur nos visages salés, brillantes comme des phares au loin, sont-elles les derniers adieux faisant signe à leurs frères, les cristaux marins ?

NOTRE-DAME, UNE CATHÉDRALE À CHŒUR OUVERT

Gilles DROUIN

Six ans après l'incendie de Notre-Dame, le père Gilles Drouin, directeur de l'Institut supérieur de la liturgie (ISL) à l'Institut catholique de Paris (ICP), membre du groupe de réflexion sur l'aménagement de la cathédrale, analyse les choix qui ont été faits pour la réalisation de l'espace liturgique. Il rappelle la volonté qui a animé ce chantier exceptionnel, celle d'initier au mystère chrétien et de toucher le cœur de n'importe quel visiteur, quelle que soit sa motivation pour franchir les portes de Notre-Dame, une cathédrale « intégralement catholique, donc ouverte à tous ».

Quand, en juin 2019, avec une petite équipe, nous avons été appelés par l'archevêque de Paris pour réfléchir à l'aménagement liturgique de Notre-Dame, nous étions dans une situation paradoxale : d'un côté, qui étions-nous face à ces maîtres du Moyen Âge créateurs de l'émouvante clôture du chœur, à Marc Couturier, dont la croix (1993) est devenue iconique, ou encore à Robert de Cotte et ses merveilleuses stalles (1710-1714), des maîtres dont nous allions devoir poursuivre l'œuvre ? De l'autre, le drame du 15 avril 2019 nous *obligeait*, au sens fort du terme, à reprendre la réflexion de manière globale, un peu comme l'avait fait Eugène Viollet-le-Duc aux prises avec une cathédrale terriblement abîmée après les ravages de la Révolution.

Il ne s'agissait pas de se limiter à réaménager le plateau liturgique avec ses trois lieux emblématiques – l'autel, au centre du dispositif, l'ambon et la cathèdre[1] – disposés de manière plus ou moins périphérique de part et d'autre, mais de penser l'espace de la cathédrale de manière globale. L'incendie qui, grâce au magnifique travail des pompiers, n'avait détruit que l'autel et l'ambon parmi les œuvres d'art de l'intérieur de la cathédrale, nous mettait devant une responsabilité immense, une tâche que nous devions prendre résolument à bras-le-corps, mais avec une grande humilité face à cette matière artistique, symbolique et surtout spirituelle que la cathédrale avait cristallisée depuis plus de huit siècles.

Une approche globale de l'espace cathédral

Très vite donc, nous avons été convaincus qu'il fallait prendre en compte l'espace de la cathédrale de manière globale, et non d'abord et encore moins exclusivement à partir du « plateau liturgique ». Face aux débats qui ne manquaient pas d'émerger, par exemple, sur le devenir de l'autel de Jean Touret (1989), l'archevêque aimait à répéter, avec sagesse, qu'il était trop tôt pour répondre à cette question et qu'elle serait tranchée après qu'auraient été stabilisés les grands principes de ce que nous appelions « l'économie de l'espace liturgique » de la cathédrale restaurée. Nous avons donc commencé par un travail d'écoute de la plupart des acteurs de la liturgie, mais aussi de l'accueil des visiteurs qui connaissaient bien la cathédrale et son fonctionnement avant l'incendie, nous avons également fait travailler différents groupes de laïcs sur la question. Nous ne voulions pas penser l'espace cathédral, y compris sur le plan liturgique, exclusivement à partir du sanctuaire mais aussi *à partir de la nef.* Il y avait, dans nos équipes, de nombreux laïcs et l'archevêque rappelait régulièrement que, dans la célébration, l'espace n'est pas d'abord conçu pour les ministres mais pour les fidèles dont il constitue une médiation essentielle de leur participation effective à l'action liturgique. Ce travail préalable a abouti à des conclusions qui n'ont jamais été remises en cause. Un consensus s'est très vite dégagé : l'économie de l'espace du second réaménage-

1. On appelle, depuis Vatican II, « plateau liturgique » l'espace sur lequel on a pris l'habitude de disposer trois des signes majeurs de la présence du Christ dans l'action liturgique : l'autel, lieu de l'eucharistie, l'ambon, lieu de la Parole de Dieu, et la cathèdre, siège de l'évêque.

ment opéré par le cardinal Jean-Marie Lustiger avec l'architecte Jean-Marie Duthilleul en 2004 constituait un point d'équilibre qu'il fallait conserver, grâce en particulier à l'unification de l'espace du plateau liturgique avec le chœur des chanoines[2]. Cependant trois correctifs devaient être apportés : il convenait de retrouver une véritable cathèdre (l'installation depuis 2004 de l'archevêque dans une stalle de dignité l'isolait de la liturgie qu'il présidait), d'améliorer l'ergonomie de l'ambon et de clarifier l'articulation entre les espaces dédiés à la relique de la Couronne d'épine et au Saint Sacrement. Le lieu de la présence eucharistique était en effet situé dans une chapelle latérale par rapport à celle, axiale, qui abritait la relique. La relique a conservé sa place mais le tabernacle a réintégré une place de choix, sur l'autel de Viollet-le-Duc, au pied de la *Piéta* de Nicolas Coustou (1723), à l'orient du chœur des chanoines. En revanche, le gros point faible diagnostiqué était celui de l'accueil des visiteurs pour lequel le dispositif mis en place en 2004, alors qu'ils n'étaient « que » six millions et avant que les dispositifs de sécurité liés à la menace terroriste aient dû être renforcés, était devenu inadapté.

« Une crainte diffuse se faisait jour, celle d'une éventuelle muséification de Notre-Dame »

Sur cette base déjà solide, nous avons d'emblée pris conscience que notre tâche concernerait l'ensemble de l'espace de la cathédrale et pas uniquement le plateau liturgique, auquel nos partenaires du patrimoine auraient parfois aimé la limiter. La législation allait également dans le sens d'une acception « large » de l'espace liturgique, puisque c'est l'intégralité de la cathédrale qui est affectée au culte, à titre exclusif, gratuit et perpétuel. Une crainte diffuse se faisait d'ailleurs jour, celle d'une éventuelle muséification de Notre-Dame. En prenant en charge l'espace dans son intégralité et en l'organisant à partir de son *cœur liturgique*, tout en honorant pleinement sa vocation d'accueil inconditionnel des visiteurs, les équipes du diocèse ont dès le départ intégré cette dérive potentielle. Ce point d'attention s'est traduit par une expression vite devenue programmatique : *une cathédrale inté-*

2. Auparavant, le chœur des chanoines qui avait été pendant des siècles l'espace liturgique par excellence de la cathédrale était quelque peu délaissé par rapport au « plateau liturgique » installé après Vatican II, dont il était séparé par une grille. Le démontage de cette grille et un travail sur les niveaux ont permis la mise à disposition d'un vaste espace adapté aux grandes concélébrations et ont « réintégré » le chœur dans le dispositif liturgique. Désormais, le chœur des chanoines est le lieu « ordinaire » des concélébrants, voire du presbytérium parisien qui a en quelque sorte pris la succession du chapitre, ainsi que des ministres du chant, reconnaissables à Notre-Dame à leur aube bleue.

gralement catholique... donc ouverte à tous. Derrière ce paradoxe apparent se profilait une question là aussi assez vite réglée, malgré des débats aussi vifs qu'essentiels : fallait-il, comme on le voit par exemple à la cathédrale de Florence, réserver un espace pour la liturgie, une sorte d'espace calme pour un entre-soi priant, séparé de l'espace dédié aux visites ? Tout comme nous ne voulions pas diviser les visiteurs entre pèlerins et touristes, étant donné l'évident métissage des motivations qui attirent les visiteurs à Notre-Dame, la décision a été prise de ne pas séparer les espaces dédiés à la liturgie et ceux réservés à la visite. De là est également née la décision de ne célébrer qu'à l'autel majeur, un des chapelains aimant à souligner que cette configuration lestait d'un sens très concret les paroles de la consécration quand on évoque le sang du Christ versé *pour vous et pour la multitude* : le *vous* concerne ici les fidèles présents dans la nef et *la multitude* étant représentée par les visiteurs de toutes origines, cultures et convictions présents dans les bas-côtés et le déambulatoire autour du « cœur eucharistique » de la cathédrale.

Axe liturgique et chemin de pèlerinage

Selon ces principes, il fallait désormais organiser l'*axe liturgique* de la cathédrale et ce qui allait devenir un *chemin de pèlerinage*. Tout partait de la liturgie et devait si possible y conduire. N'est-elle pas d'ailleurs le but de la construction de la cathédrale et ce qui continue à être sa vocation constante depuis plus de huit siècles ? Cette configuration d'un édifice ancien encore affecté à l'usage auquel il était destiné est d'ailleurs une des spécificités de la majorité de nos églises, contrairement à la plupart des édifices profanes, en particulier médiévaux.

Très vite a émergé la nécessité de doter la dimension baptismale de la liturgie chrétienne d'un lieu propre. À l'heure du développement du catéchuménat, n'est-il pas temps que l'église de l'évêque, qui est le responsable de l'initiation chrétienne dans son diocèse, soit dotée d'un baptistère fixe ? N'est-il pas temps, soixante ans après le concile Vatican II, de retrouver ce qui était courant dans les groupes cathédraux antiques, structurés par l'articulation entre baptistère et basilique eucharistique, un lieu signifiant le sacerdoce baptismal, commun à tous, fidèles et ministres ordonnés ? L'emplacement du baptistère a oscillé au fil des projets mais il a toujours été envisagé à l'ouest, près de l'entrée de la cathédrale. Ainsi l'axe central de la cathédrale est-il désormais proposé comme une métaphore de la vie chrétienne, centrée sur l'eucharistie (l'autel), prenant sa source dans le baptême (le baptistère) et ouverte sur un au-delà de l'économie sacramentelle (la grande croix de gloire de Marc Couturier, à l'orient du chœur). Ainsi la nef est-elle désormais enchâssée entre deux lieux majeurs de la liturgie chrétienne : le baptême à l'ouest et l'eucharistie au centre.

> **« Toute la cathédrale, nef et sanctuaire compris, constitue l'espace liturgique de Notre-Dame »**

Il s'agit aussi, avec l'installation d'un baptistère monumental à l'occident de la nef, d'un début d'intégration dans l'espace de ce que le Concile nous dit de l'articulation entre sacerdoce baptismal et ministère sacerdotal, qu'il soit épiscopal ou presbytéral, pensé en termes d'ordonnancement et de service : « baptisé avec vous, évêque pour vous », selon l'admirable formule de saint Augustin. Désormais, c'est toute la cathédrale, nef et sanctuaire compris, qui constitue l'espace liturgique de Notre-Dame et pas uniquement son plateau liturgique. Beaucoup reste à faire dans ce domaine, notamment autour des lieux de la présidence et de la Parole, qui pourraient ne plus être envisagés comme de simples lieux périphériques par rapport à l'autel.

Le second volet du diptyque « axe liturgique – chemin de pèlerinage » a été pensé comme une diffraction de l'Unique Mystère. Nous avons ainsi très vite proposé d'entrer dans la cathédrale par le portail central afin que les visiteurs soient immédiatement saisis par le double mouvement d'élévation et de mise en marche, du baptistère vers l'autel, puis de l'autel vers la grande croix, inscrit dans l'architecture même de l'édifice. Le sens de déambulation a été inversé, du nord vers le sud, de la ténèbre vers la lumière, et non l'inverse, comme c'était le cas auparavant. Cette polarité de luminosité, que Viollet-le-Duc avait déjà soulignée, est particulièrement sensible à Paris puisque le flanc nord de la cathédrale donne sur une rue et le flanc méridional sur un jardin. Elle accompagne et informe de manière sensible, consciente ou non, le cheminement, éminemment pascal, des visiteurs de la ténèbre à la lumière.

Un travail important a été réalisé sur les chapelles de la nef, dont l'état avant l'incendie était souvent déplorable. Il convenait aussi de leur trouver un usage et donc un sens qui ne pouvait plus être celui de l'époque de Viollet-le-Duc où elles avaient été conçues pour la célébration privée des clercs de la cathédrale, ni celui du Moyen Âge

Le nouveau mobilier liturgique de Notre-Dame de Paris

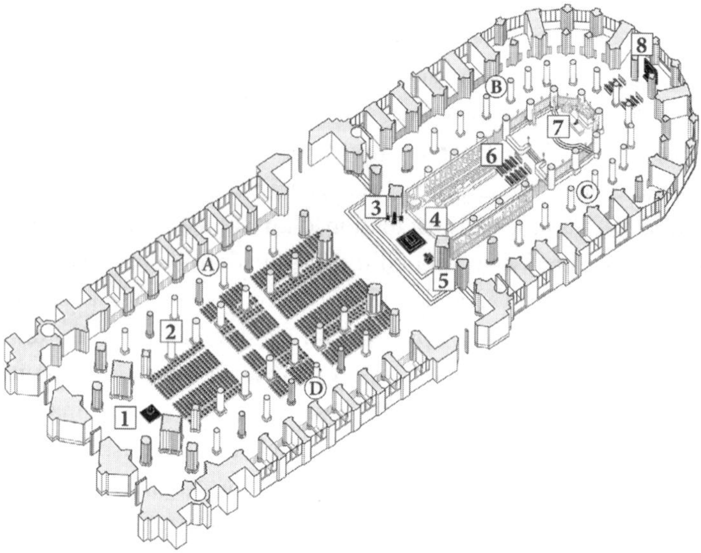

1. Le baptistère

2. Les chaises

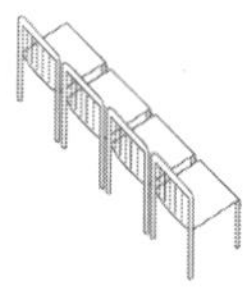

3. La cathèdre

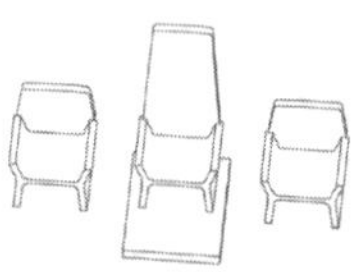

4. L'autel

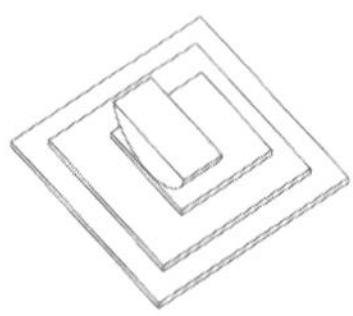

5. L'ambon

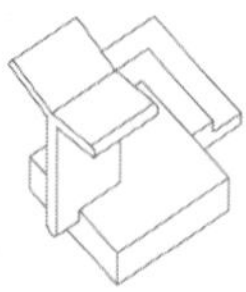

6. Les bancs

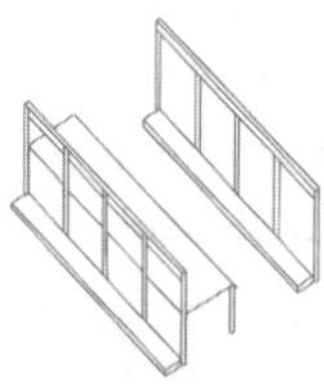

7. Le tabernacle

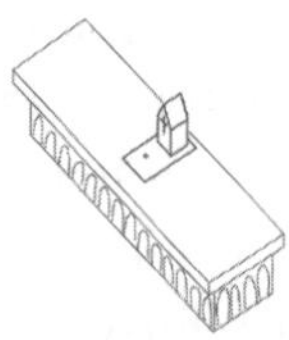

8. La châsse reliquaire

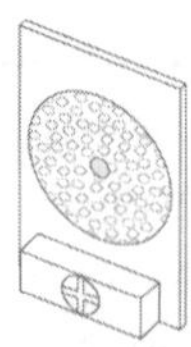

finissant où elles avaient été élevées pour l'usage des confréries et de quelques grandes familles. Certaines d'entre elles avaient trouvé leur utilité avant l'incendie : dévotion, confession, d'autres étaient hélas des lieux morts ! Nous avons proposé de les intégrer dans un chemin de pèlerinage, conçu comme une initiation au Mystère pour lequel la cathédrale a été construite, avec des propositions d'accueil (confession ou dialogue), de dévotion, mais structurées à partir de l'histoire du salut. Ainsi a-t-il été suggéré de revoir la titulature des chapelles, qui datait du milieu du XIXe siècle, et de parcourir successivement : une « allée de la Promesse » (A), dans l'ombre du septentrion, avec de grandes figures vétérotestamentaires (Noé, Moïse, Élie, etc.), une « allée de l'Incarnation » (B) le long des sculptures de l'Enfance du Christ sur le flanc nord de la clôture du chœur. Au cœur battant du parcours, la chapelle de la relique de la Couronne constitue, avec le Mystère de la Croix, le point de bascule d'un itinéraire qui reprend avec l'« allée de la Résurrection » (C) le long des hauts-reliefs des apparitions du Ressuscité sur le flanc méridional du chœur. Puis, après avoir salué Marie, mère du Christ et mère de l'Église, le pèlerinage se poursuit dans une « allée des Saints » (D) dans les chapelles sud de la nef consacrées aux saints de Paris (saint Denys, sainte Geneviève, saint Vincent de Paul, etc.) et à la mission universelle de l'Église (saint Paul Cheng). Ainsi les visiteurs mettent-ils concrètement leurs pas dans ceux des grands témoins de l'histoire du salut, le Christ évidemment au centre de tout, dans le déambulatoire, les grands précurseurs au nord et les témoins de l'Église au sud.

> ***« Un chemin de pèlerinage, conçu comme une initiation au Mystère »***

Ce parcours, conçu à partir de la théologie de l'initiation chrétienne, articule, dans la pratique du catéchuménat, expériences rituelles et catéchèse. À Notre-Dame également, ce qui est proposé aux visiteurs (explications, dévotions, sacrements) revêt indissociablement un caractère culturel et spirituel. Par ailleurs, ce parcours s'est voulu cohérent avec la structure symbolique de la cathédrale, avec son élévation mais aussi sa double tension entre un occident blessé, le lieu du monde, de la vie avec son inextricable mélange de ténèbres et de lumière, et son orient pascal, sauvé ; entre son septentrion, traditionnellement associé aux ombres et aux figures, et son midi, traditionnellement ouvert au témoignage évangélique et à la mission de l'Église.

Continuer l'histoire

Les allées de la Promesse et des Saints attendent qu'y soient installées deux importantes commandes artistiques : des tapisseries au nord qui remplaceront sur des thématiques liées à la titulature des chapelles celles, très belles, qui sont actuellement en dépôt ; des vitraux au sud, ceux de Claire Tabouret, sur le thème de la Pentecôte. Ainsi deux arts d'Église traditionnels dans l'Occident latin, la tapisserie et le vitrail, seront mobilisés pour incarner, de manière figurative, deux étapes importantes du chemin de pèlerinage proposé aux visiteurs, avec quelques figures de l'Ancien Testament et, dans le souffle de la Pentecôte, quelques saints de l'Église de Paris.

« Le baptistère de Guillaume Bardet et le reliquaire de Sylvain Dubuisson »

Le mobilier liturgique a également fait l'objet d'une commande importante. Jamais dans le processus complexe d'élaboration du programme il n'a été envisagé tant par les autorités ecclésiastiques, décisionnaires en ces matières, que par leurs partenaires du ministère de la Culture, de s'orienter vers des pastiches ou une forme néo, qu'elle soit néogothique ou néo-Viollet-le-Duc. Il s'est agi d'inscrire la renaissance de Notre-Dame dans la grande tradition d'accueil par la cathédrale du meilleur de l'art de son temps. Sur ce plan également, Notre-Dame relève d'une forme d'exception : elle a su se métamorphoser en profondeur au fil des siècles sans que jamais le projet initial de Maurice de Sully ne soit rendu illisible et encore moins défiguré. Moins d'un siècle après l'achèvement de la première cathédrale, les ouvertures hautes sont modifiées pour permettre à la lumière d'y pénétrer plus abondamment : nous devons à cette époque les deux merveilleuses roses du transept. Le réaménagement consécutif au concile de Trente, encore en partie visible dans le chœur de Robert de Cotte, a lui aussi, en refusant un dispositif « à la romaine », respecté l'économie générale du chœur médiéval. Viollet-le-Duc, en *réinventant* l'antique cathédrale, a certes eu la main lourde mais toujours en respectant les fondamentaux de l'œuvre médiévale à laquelle il a voulu donner une nouvelle lisibilité.

C'est cette tradition, aussi audacieuse qu'infiniment respectueuse de la longue histoire de Notre-Dame, qu'il fallait respecter. Deux créations, emblématiques de la cathédrale réaménagée, sont exemplaires à ce sujet : le baptistère de Guillaume Bardet et le reliquaire de Sylvain Dubuisson. Ces deux œuvres sont l'une comme l'autre marquantes sur le plan liturgique : d'une part, c'était la première fois depuis le Concile qu'une commande de cette ampleur était faite pour un reliquaire ; d'autre part, on constate déjà qu'on ne peut plus envisager de réaménagement après Notre-Dame sans que la question baptismale soit au moins posée. Ces deux œuvres sont remarquables également du point de vue artistique. La croix fermement dressée sur l'onde mouvante du baptistère comme la subtile articulation entre l'âme de bois précieux et la gloire des cabochons de cristal expriment merveilleusement, l'une le sens du baptême qui ne nous extrait pas des flots mouvants de la vie humaine mais nous permet de les traverser arrimés à la croix du Christ, l'autre le sens paradoxal de cette insigne relique : couronne de dérision qui est le lieu même où se manifeste la gloire du Crucifié. C'est probablement leur « justesse » tant théologique qu'artistique qui explique que ces deux œuvres ont très vite trouvé leur place, sereinement, dans l'écrin de la cathédrale.

Et maintenant…

Il est trop tôt pour tirer un bilan de cette opération, exceptionnelle à maints égards, menée à l'occasion du réaménagement de Notre-Dame. Nous avons souligné que la prise en compte de la dimension baptismale de l'espace liturgique, ordonnée à sa dimension eucharistique première, est d'ores et déjà un héritage de ce qui a été entrepris à Notre-Dame. Mais, plus largement, les circonstances exceptionnelles consécutives à l'incendie ont montré si besoin était l'intérêt d'*une approche globale de l'espace liturgique* qui ne peut plus se limiter au choix d'un artiste pour réaliser un autel, un ambon et une cathèdre (ou un siège de présidence). Un bon guide pour une telle approche nous est donné par l'énumération de la constitution sur la Sainte Liturgie des modes de présence du Christ dans l'action liturgique[3]. L'après-Concile a justement insisté sur la centralité de l'autel[4]

3. *Sacrosanctum Concilium*, n° 7 : « Pour l'accomplissement d'une si grande œuvre, le Christ est toujours là auprès de son Église, surtout dans les actions liturgiques. Il est là présent dans le sacrifice de la messe, et dans la personne du ministre, "le même offrant maintenant par le ministère des prêtres, qui s'offrit alors lui-même sur la croix" et, au plus haut degré, sous les espèces eucharistiques. Il est présent, par sa puissance, dans les sacrements au point que lorsque quelqu'un baptise, c'est le Christ lui-même qui baptise. Il est là présent dans sa parole, car c'est lui qui parle tandis qu'on lit dans l'Église les Saintes Écritures. Enfin, il est là présent lorsque l'Église prie et chante les psaumes, lui qui a promis : "Là où deux ou trois sont rassemblés en mon nom, je suis là, au milieu d'eux" (Matthieu 18, 20). »

4. Centralité au plan théologique et pas d'abord topographique.

mais la question de son lien avec la réserve eucharistique demeure souvent délicate, car impensée. L'ambon a trop souvent été réduit, y compris peut-être à Notre-Dame, à un pupitre périphérique, alors que la tradition fournit de nombreuses ressources pour penser la spécificité du lieu de la Parole par rapport à l'autel, dans un strict respect de la primauté de ce dernier[5]. Pour les autres sacrements, nous devons poursuivre la réflexion sur le lieu de la réconciliation, tant les confessionnaux, tellement marquants dans les espaces post-tridentins, n'ont toujours pas trouvé leurs successeurs. Les lieux dédiés à la Liturgie des heures font également partie des impensés de l'aménagement de la plupart de nos églises, dont la majorité sont loin de bénéficier, comme à Notre-Dame, d'un bel ensemble de stalles. Mais l'enjeu principal demeure probablement celui de la juste mise en espace de l'articulation entre sacerdoce baptismal et ministère sacerdotal, dont nous avons souligné combien il était décisif et que nous n'avons fait qu'effleurer à Notre-Dame. Enfin, il ne faudrait pas se cacher derrière le caractère exceptionnel de Notre-Dame, avec son million de visiteurs mensuel, pour ne pas imaginer nos espaces pour ceux qui les découvrent *en dehors de la liturgie*. Nous devons partir de la liturgie pour penser nos aménagements d'églises, mais nous devons nous poser la question de ce qu'une église dit en dehors des célébrations liturgiques. Il y a là un enjeu missionnaire capital pour les temps qui sont les nôtres, y compris dans les petites églises, notamment rurales qui, silencieusement, ont cette capacité de dire le Mystère chrétien. C'est tout le chantier de la réflexion sur le potentiel initiatique de nos églises qu'il nous faut désormais conduire à l'interface féconde des domaines culturel et cultuel.

« Nous devons nous poser la question de ce qu'une église dit en dehors des célébrations liturgiques »

L'enjeu désormais pour les équipes en charge de la vie de la cathédrale est double : faire vivre la liturgie de la cathédrale et inventer des moyens d'accueillir les visiteurs qui se pressent nombreux sous les voûtes de Notre-Dame. La réouverture a montré, si besoin était, la

5. Les grands ambons antiques et médiévaux d'Italie manifestent bien cette spécificité de la présence du Christ dans l'acte même de la proclamation de l'Écriture qui devient Parole dans l'assemblée. Souvent situés dans la nef, imposants mais en même temps légers, ils disent quelque chose de la Parole qui s'envole, quelque chose de différent de l'autel, pierre angulaire, roc sur lequel tout l'édifice se construit. De l'autel, on peut analogiquement dire que « l'autel, c'est le Christ », mais évidemment pas de l'ambon. Il y a là un champ de recherches théologiques et formelles à explorer.

puissance des rites liturgiques de l'Église. La dédicace de l'autel, célébrée avec une dignité impressionnante par Mgr Laurent Ulrich, restera dans les mémoires comme un exemple de ce que peut produire la *noble simplicité* des rites réformés après Vatican II ; des rites qui, bien mis en œuvre, n'ont aucunement besoin de la surcharge cérémonielle et dévotionnelle que d'aucuns les affublent, au nom d'une conception plus mystérieuse que mystérique du Mystère chrétien ! La liturgie, célébrée au milieu des visiteurs, façonne au plus haut point l'expérience qu'ils font de l'espace cathédral. Mais leur accompagnement ne se réduit évidemment pas à cette dimension liturgique. Nous avons fait remarquer que le chemin de pèlerinage est en attente d'une double incarnation, dans les tapisseries au nord, dans les vitraux au sud. Il faudra probablement développer les outils de médiation, passablement insuffisants dans le dispositif actuel. Mais nous savons d'expérience que rien ne remplace la médiation humaine, pour accompagner, au seuil du Mystère. C'est un enjeu de première importance alors que se pressent à Notre-Dame un si grand nombre de femmes et d'hommes de culture non chrétienne ou postchrétienne. Il est double : il y va de la compréhension de la cathédrale qui ne peut faire l'économie d'un minimum d'initiation au Mystère pour la célébration duquel elle a été construite ; il y va également de la dimension missionnaire et catéchuménale de l'expérience de la cathédrale que nous leur proposons[6].

Gilles DROUIN

6. Voir l'enquête du quotidien *La Croix*, pour le sixième anniversaire de l'incendie, sur les « convertis de Notre-Dame » : voir Marguerite de Lasa et Youna Rivallain, « "La flèche enflammée a été comme un phare" : six ans après l'incendie, les premiers convertis de Notre-Dame », *La Croix*, 14 avril 2025 (sur *www.la-croix.com*).

L'HÉRITAGE DE DOROTHY DAY

L'art de faire communauté

Maxence COLLIN

Dorothy Day (1897-1980) est l'une des figures emblématiques du catholicisme américain. Son œuvre en faveur de la justice sociale, des pauvres et des relégués lui a valu l'ouverture en 2000 d'une cause en béatification, puis sa reconnaissance par le Vatican en 2012 comme servante de Dieu. Le vaste réseau de communautés autonomes qu'elle a créé est une source d'inspiration à un moment où nous nous posons la question de la cohésion sociale.

À quoi reconnaît-on une communauté humaine véritablement vivante ? Il arrive qu'avant même d'avoir posé la question, la réponse se présente sous les dehors de l'urgence. C'est ainsi qu'en 1906, à Oakland, aux États-Unis, une petite fille réveillée brutalement en pleine nuit par un tremblement de terre historique s'est vue précipitée de l'heureux cours des jours dans un « monde de catastrophe[1] ». Deux minutes trente interminables, la terre « transformée en une mer », le petit lit en laiton ballotté par l'énorme roulis, les parents secourant frères et sœur, la maison dévastée, la peur dans l'air à chaque réplique et, bientôt, débarquant par bateau et ferry d'un San Francisco en flammes de l'autre côté de la baie, les réfugiés… L'enfant n'a alors que 8 ans et l'événement – l'un des séismes les plus importants à avoir jamais touché une grande ville américaine – la marqua doublement : par cette expérience soudaine du dénuement et de la vulnérabilité le plus absolus, mais aussi, et de façon décisive, par l'exemple de la charité contagieuse qui le suivit,

1. Dorothy Day, *La longue solitude* (1952), traduction de l'anglais par Francine Robet, Cerf, 2018 (voir la critique de Patrick Gallaud dans *www.revue-etudes.com*).

au spectacle de tous ces voisins solidaires ouvrant grand leurs portes aux sans-abri et partageant sans compter. La catastrophe avait aboli, un temps, les calculs individuels.

Cette petite fille, c'est Dorothy Day (1897-1980). Cet épisode annonçait quelle préoccupation se tiendrait au cœur de son existence : la question du don de soi, de l'entraide et de la vie partagée, qui la pousserait à fonder en 1933, avec Peter Maurin, le vaste réseau du *Catholic Worker Movement*. Un réseau toujours bien vivant, près d'un siècle plus tard, fort de quelque cent quatre-vingts communautés autonomes[2].

Relancée par le concile Vatican II, nourrie par les utopies communautaires des années 1970 et renouvelée plus récemment par l'intérêt contemporain pour la synodalité, cette question de la communauté locale travaille intensément l'Église depuis les années 1960, sur tous les continents, suscitant une abondante réflexion théorique, avec ses enthousiasmes et ses désillusions. En Occident, la dévitalisation croissante des paroisses la rend dramatiquement urgente. Mais que faire ? En ce domaine comme en d'autres, la voie ouverte en précurseur par Dorothy Day n'est peut-être pas sans pouvoir inspirer. Et elle commence par une image simple, toute concrète, qui donne mieux que mille définitions théoriques la mesure de l'enjeu : une communauté vivante, c'est *ce qui doit tenir quand pour nous la terre tremble.*

Les séismes de sa vie

La terre, de fait, n'a jamais vraiment cessé de trembler pour Dorothy Day. Le séisme suivant fut certes bien différent du premier : ce fut la découverte, très jeune, du sort réservé aux plus démunis par une Amérique tiraillée entre progrès industriel et économique galopant et contrastes sociaux et raciaux criants. Comme elle le racontera dans son autobiographie, *La longue solitude*[3] (1952), la lecture, adolescente, de *La jungle* d'Upton Sinclair (1906) lui fait prendre conscience de l'injustice et de la corruption du monde qui l'entoure, dans ce Chicago des années 1910 où ses parents ont déménagé. Victor Hugo,

2. *www.catholicworker.org*

3. Dorothy Day, *La longue solitude*, *op. cit.* Pour un récit biographique de qualité en français, voir Élisabeth Geffroy, Baudouin de Guillebon et Floriane de Rivaz, *Dorothy Day : la révolution du cœur*, Tallandier, 2018.

Charles Dickens, Jack London, Pierre Kropotkine… De livre en livre, une intuition se creuse : il lui faut, d'une façon ou d'une autre, se lier aux pauvres : « J'avais reçu un appel, une vocation, une direction à donner à ma vie[4]. » Son amour des Russes – Fiodor Dostoïevski, Léon Tolstoï, Maxime Gorki – la mène aux penseurs du socialisme, du communisme et de l'anarchisme : Pierre-Joseph Proudhon, Karl Marx, Eugene Victor Debs, Emma Goldman, William Godwin… À la fin de ses études, les interrogations religieuses de cette jeune fille élevée dans un foyer épiscopalien modeste et peu pratiquant sont étouffées : « Où étaient les saints qui allaient essayer de changer l'ordre social, les saints qui, au lieu de s'employer à secourir les esclaves, allaient en finir avec cet esclavage lui-même[5] ? »

C'est donc au sein des milieux de gauche radicale que la jeune femme, partie à New York pour devenir journaliste, va commencer sa carrière, découvrant à travers eux le pacifisme, le syndicalisme et le féminisme à mesure qu'elle couvre grèves et manifestations pour des journaux sympathisants et se mêle à la bohème contre-culturelle et libertaire du Manhattan de l'entre-deux-guerres. Mais les conditions de vie dans la grande ville sont âpres, son travail (et une brève expérience comme infirmière en 1918-1919) la confronte à des réalités douloureuses. Lorsqu'elle tombe enceinte, son amant la pousse à avorter – « la grande tragédie de ma vie », dira-t-elle – puis la quitte, la plongeant dans une profonde dépression qu'un mariage aussi bref que raté ne guérira pas. En 1925, elle s'éprend finalement éperdument d'un biologiste anarchiste, Forster Batterham, et s'installe avec lui. Une fille, Tamar, ne tarde pas à naître et Dorothy Day renoue alors avec la joie.

Mais un nouveau séisme s'annonce : depuis quelque temps déjà, elle s'est remise à prier – de petites actions de grâce –, sans s'en rendre compte. Dostoïevski l'a ramenée au Nouveau Testament, qui la conduit à *L'imitation de Jésus Christ*, ouvrage attribué à Thomas a Kempis. Elle reconsidère la question de Dieu, découvre des facettes insoupçonnées de la foi. Il lui arrive de se rendre à la paroisse catholique voisine, pour observer, du fond, la messe. Sa perception du catholicisme change : religion minoritaire et populaire des ouvriers immigrés irlandais ou italiens, elle voit dorénavant cette communauté

4. D. Day, *La longue solitude*, *op. cit.*, p. 61.
5. *Ibid.*, p. 71.

comme l'Église des pauvres. C'est la conversion intérieure. Or son évolution fait naître des tensions croissantes avec son compagnon, fermement athée et hostile au mariage. En 1927, Dorothy Day fait baptiser Tamar. Et c'est bientôt l'ultime dispute : au prix d'un immense effort, elle rompt et entre à son tour, le lendemain, dans l'Église, qui la nourrira désormais par la communion quotidienne, la confession, la prière et l'exemple des saints.

Ces premiers pas sont toutefois difficiles. Son lourd sacrifice lui donne le sentiment d'être « passée à l'ennemi ». Alors que l'Amérique entre dans la Grande Dépression, elle désespère de la passivité de ses coreligionnaires face la détresse sociale grandissante. Aussi, en 1932, en marge d'une « Marche de la faim » organisée par les communistes à Washington qu'elle couvre pour le journal catholique *Commonweal*, elle se rend dans un sanctuaire marial et prie pour qu'un chemin lui soit montré. Et c'est un nouveau séisme : « Quand je suis rentrée à New York, Peter Maurin m'attendait à la maison[6]. »

Français exilé outre-Atlantique, Peter Maurin (1877-1949) est un homme atypique, habité par un projet. Dans une époque où capitalisme, fascisme et communisme, chacun à sa façon, noient la responsabilité personnelle dans la masse façonnée par le marché ou l'État, Maurin, inspiré par le personnalisme d'Emmanuel Mounier, plaide pour restaurer en l'homme le sentiment d'un contrôle de son destin. Programme réalisable selon lui par l'application en économie des idées distributistes de Gilbert Keith Chesterton et de Hilaire Belloc (en particulier, l'extension à tous de l'accès à la propriété privée) et par l'action sociale non pas déléguée à l'État mais menée de personne à personne, à travers la vie communautaire. Au centre de cette œuvre se trouve la prière, vrai poumon d'une éthique de vie permettant l'exercice difficile de la charité. Dans sa cuisine, Dorothy Day écoute cet inconnu venu de façon improbable la chercher pour l'aider à diffuser ses idées et se dit qu'elle tient peut-être là la réponse à son vœu.

« L'action sociale menée de personne à personne, à travers la vie communautaire »

L'aventure du *Catholic Worker Movement* débute le 1er mai 1933. Plus que simplement exécuter le programme de Maurin, Day va y apporter sa couleur propre, cinquante années durant. Leur œuvre

6. D. Day, *House of Hospitality* (1939), Our Sunday Visitor, 2015, p. 28.

peut se résumer en quatre points : la création d'un journal, le *Catholic Worker*, autour duquel se structura le mouvement ; la fondation de maisons d'hospitalité citadines ; les fermes collectives entretenues par les *catholic workers* ; enfin, les actes de désobéissance civile, auxquels Day tient particulièrement.

Vendu au prix imbattable d'un penny, le journal hissera rapidement son tirage à une centaine de milliers d'exemplaires. Il assumera une triple fonction d'information sur les luttes sociales et civiques, de formation à la doctrine sociale de l'Église et de coordination entre des communautés en réalité autonomes. Fondées au fil des occasions qui se présentent, sans grand projet fixé d'avance, les maisons d'hospitalité seront le cœur de la pratique des œuvres de miséricorde, que Dorothy Day liste à partir du Sermon sur la montagne et de saint Thomas d'Aquin : sept œuvres matérielles (donner à manger aux affamés, donner à boire à ceux qui ont soif, vêtir ceux qui sont nus, accueillir les étrangers, assister les malades, visiter les prisonniers et ensevelir les morts), et sept œuvres spirituelles (conseiller ceux qui sont dans le doute, enseigner les ignorants, avertir les pécheurs, consoler les affligés, pardonner les offenses, supporter patiemment les personnes ennuyeuses, prier Dieu pour les vivants et les morts). Ces maisons accueilleront inconditionnellement les pauvres, mais aussi les personnes malades, souffrant d'alcoolisme, d'addiction ou de troubles mentaux, ce qui n'ira pas sans heurts, d'autant plus qu'aucune gouvernance n'est fixée à l'avance. Pour assurer cette charité extrêmement exigeante, parfois crucifiante, les *catholic workers* seront invités non seulement à accompagner ces personnes mais à vivre avec elles, en embrassant une forme de pauvreté volontaire. Les fermes collectives, elles, tâcheront d'incarner l'idéal d'autosubsistance, corrigeant les travers de la vie citadine moderne par le souci de la terre et le refus de la division entre travail manuel et intellectuel. Couplé aux contingences naturelles, le manque d'argent et de connaissances (voire de motivation, chez certains) face à la dureté du labeur conduira à quelques échecs cuisants, occasions de leçons pour d'autres entreprises plus heureuses.

Quant aux actes de désobéissance civile – qui mèneront à plusieurs reprises Day en prison –, ils manifesteront l'engagement des *catholic workers* sur trois terrains principaux : le pacifisme radical (leur défense des objecteurs de conscience vaudra d'ailleurs au journal un effondrement de ses ventes durant la Seconde Guerre mondiale) ; le combat pour les droits sociaux (à travers, par exemple, l'appui apporté aux travailleurs agricoles menés par César Chávez) ; le soutien à la lutte pour les droits civiques, dans une Amérique encore très empreinte de racisme. Des prises de position dont la pertinence théorique comme circonstancielle (sur la situation à Cuba, notamment) ne fera pas toujours l'unanimité. Parfois jugées « antiaméricaines », elles leur vaudront même de franches hostilités et la surveillance du FBI (*Federal Bureau of Investigation*).

Tout au long de ces années, pourtant, une certitude perdurera chez Dorothy Day : « Nous ne pouvons aimer Dieu que si nous nous aimons les uns les autres et, pour nous aimer, il faut que nous nous connaissions à la fraction du pain. Nous ne sommes plus jamais seuls. Le Ciel est un banquet même avec une croûte de pain, lorsqu'il y a des camarades. Nous avons tous connu la longue solitude et nous avons appris que le seul remède, la seule solution, c'est l'amour et que l'amour vient avec la communauté[7]. »

Si controversée soit-elle, au soir de sa vie, Dorothy Day n'est pas marginale. Proche de Thomas Merton, visitée par Mère Teresa, elle est respectée jusqu'au Vatican pour la cohérence qui lie sa vie et ses idées. À sa mort en 1980, le *Washington Post* saluera « l'une des alliées les plus constantes de la gauche pour ceux que l'on a repoussés aux marges de la vie ». Lorsqu'elle s'éteint à 83 ans, ses obsèques ont lieu en l'église de la Nativité, à quelques encablures de Maryhouse, la maison d'accueil pour femmes sans-abri où se trouvait sa modeste chambre. Son cercueil de pin brut, porté par six de ses petits-enfants, sera suivi par près d'un millier de personnes, au nombre desquelles une vieille mendiante qui déclarera aux journalistes : « Elle était la sainte qui a combattu le démon pour nous[8]. » De son vivant déjà, beaucoup la tenaient en effet pour une sainte, ce qui lui avait inspiré un jour cette réponse aussi abrupte que légendaire : « Ne faites pas de moi une sainte. Je ne veux pas qu'on se débarrasse de moi comme cela ! »

« Pour nous aimer, il faut que nous nous connaissions à la fraction du pain »

7. D. Day, *La longue solitude*, *op. cit.*, p. 426.

8. Colman McCarthy, « The Final Tribute », *The Washington Post*, 2 décembre 1980 (consultable sur *www.washingtonpost.com*).

L'héritage du *Catholic Worker Movement*

S'est-on alors débarrassé de Dorothy Day après sa mort ? Il est certain qu'à peine était-elle en terre, le vent tournait déjà. Ce même mois de novembre 1980, les États-Unis, en élisant Ronald Reagan, entraînent le monde occidental dans le fameux « tournant libéral conservateur ». Soucieuse de rompre son isolement dans une nation où le catholicisme a longtemps été perçu tel un corps étranger et suspect, réfractaire voire antimoderne, une nouvelle génération de penseurs plaide, elle, pour le ralliement, sur la base d'une certaine lecture des encycliques contemporaines, à un libéralisme tempéré comme système le plus efficace économiquement et le plus juste politiquement. Symboliquement, l'une de ses trois têtes d'affiche, le philosophe Michael Novak, témoignera de l'attraction particulière qu'avait eue sur lui, dans sa jeunesse, la radicalité communautaire de Dorothy Day, avant qu'il n'en soit détourné, dira-t-il, par l'étude sérieuse des lois de l'économie[9]. La priorité n'est plus à la question sociale, mais à la question morale. Trop à gauche pour les religieux, trop religieuse pour les progressistes laïcs, Dorothy Day ne fait plus recette. Sa mémoire se retrouve doucement cantonnée aux cercles militants.

> **« Trop à gauche pour les religieux, trop religieuse pour les progressistes laïcs »**

Ces noces libérales allaient toutefois être vite troublées… Dans le sillage de l'engagement en Irak, la catastrophe économique de 2008 jette une lumière crue sur la crise souterraine du libéralisme, dont le procès, en milieu chrétien anglo-saxon, est instruit depuis quelques années déjà par des penseurs comme Alasdair MacIntyre, John Milbank ou Stanley Hauerwas. Ce courant pluriel, connu désormais sous le nom de « postlibéralisme », dresse une quadruple critique du libéralisme : économique (la dérégulation, l'individualisme marchand et consumériste), politique (le formalisme strict de la démocratie libérale, son abstraction), morale (son abandon de l'idée de bien commun et d'une politique des vertus, son pluralisme relativiste, sa prétention à la neutralité axiologique) et enfin culturelle (son sécularisme, son atomisation sociale).

9. Michael Novak, « Controversial Engagements », 26 mai 2004 (sur *www.michaelnovak.net*).

Dans cette galaxie, l'œuvre de Hauerwas constitue alors le cœur de la théologie communautarienne[10]. Or, l'un des principaux modèles revendiqués par cet influent théologien méthodiste n'est autre que le *Catholic Worker Movement* : « [Peter Maurin] ne pensait pas que la pratique des œuvres de miséricorde était une stratégie pour prendre soin des pauvres jusqu'à ce qu'une autre politique sociale, meilleure et plus efficace, soit trouvée. Il croyait que les œuvres de miséricorde étaient la politique sociale que Jésus avait donnée à son peuple pour renouveler le monde[11]. » Conception dont Hauerwas souligne, avec Dorothy Day, le caractère scandaleux, car elle remet en cause l'idée que la seule voie politique pour les chrétiens est l'engagement dans le jeu partisan. Une autre voie existe.

Aux méthodes politiques classiques, qui donnent l'illusion de travailler à nourrir les affamés, à accueillir les étrangers et à soigner les malades quand bien même on n'en fréquente personnellement aucun, les communautariens invitent à substituer, comme véritables instruments de transformation du monde, les pratiques concrètes de charité enracinées localement. Parce qu'elle est signe de communion de tous les hommes en Dieu et qu'elle désigne Dieu comme l'authentique horizon du désir, l'Église, centrée sur l'eucharistie, permet un déplacement du politique en devenant une communauté contre-culturelle critique : un lieu où les fidèles, à la lumière de la tradition biblique, forgent leur caractère de disciples, s'entraînent à la vertu et changent la face de la société autour d'eux, mais aussi globalement – car, « un peuple ainsi formé à la pratique des œuvres de miséricorde sera un peuple capable de voir au travers de ceux qui prétendent avoir besoin du pouvoir pour faire le bien, quand ils n'ont en fait que besoin du pouvoir[12] ». Seulement, par contrecoup, c'est toute l'histoire de la prétention de l'Église au pouvoir depuis Constantin qui tend à être relue comme une forme de trahison du message évangélique…

Cet élan communautaire n'a pas été sans susciter de sévères réserves. Ne risque-t-il pas de basculer dans le communautarisme, voire dans le sectarisme[13] ? Dorothy Day elle-même n'a pas échappé à

10. Lisa Sowle Cahill, « L'éthique communautarienne et le catholicisme américain », traduction de Philippe Le Chaffotec, dans *Recherches de science religieuse*, 2007/1, t. 95.

11. Matthew Brazos et Stanley Hauerwas, *Theological Commentary of the Bible*, 2007 (je traduis).

12. *Ibidem*.

13. Une critique exposée dès 2005 par le père Alain Thomasset dans *Études* : « L'Église et le communautarisme », *Études*, n° 4033, pp. 183-192 (sur *www.revue-etudes.com*).

cette critique, apparue dès la Seconde Guerre mondiale[14]. Ne proposerait-elle pas un programme de sainteté peut-être admirable mais excessivement « perfectionniste », inadapté au commun des fidèles de qui on ne saurait exiger pareille radicalité ? Et ne se profilerait-il pas, derrière pareil élitisme, la tentation d'un repli parmi les purs, dernier carré de résistants dans un monde irrémédiablement corrompu ?

Un élève catholique de Hauerwas, le théologien William T. Cavanaugh, répondit à cette accusation[15] en revenant aux racines du pacifisme de Dorothy Day. Il souligna l'importance cruciale, pour l'ensemble de ses engagements, de son attachement à l'idée de « corps mystique du Christ », dès avant l'encyclique *Mystici Corporis Christi* de Pie XII, en 1943 : pour elle, l'incarnation du Christ signifie que l'humanité entière, en acte ou en puissance mais sans exception, participe du Christ ; la perspective de l'union mystique n'est donc pas réservée à un groupe ; plus encore, cette communion de tous les hommes en Dieu implique certes le partage universel des peines et des souffrances (aimer consistant à prendre sur soi le fardeau des autres), mais aussi celle des responsabilités et des fautes ; dès lors, choisir la pauvreté volontaire, se sacrifier pour son prochain, s'abstenir de toute violence n'est pas cultiver un élitisme vertueux et possiblement jugeant, mais entrer dans une démarche de pénitence et d'humilité « pour sa propre culpabilité et complicité avec les maladies du monde[16] ». Aux antipodes du repli sur soi et du purisme révolutionnaire ou réactionnaire, la non-violence implique de refuser de rejeter la faute à l'extérieur, sur une classe ennemie : « La rédemption divine dépasse la distinction des purs et des pécheurs, des amis et des ennemis. Nous pouvons en effet aimer nos ennemis, parce que l'ennemi, c'est nous[17]. »

« La non-violence implique de refuser de rejeter la faute à l'extérieur, sur une classe ennemie »

Si cette critique du *Catholic Worker Movement* a décliné, une autre a connu récemment un regain d'intensité : l'« anarchisme chrétien », avec son refus du pouvoir, n'est-il pas opposé à l'insistance répétée du

14. Notamment sous la plume du jésuite Joseph J. Connor. Voir Benjamin Peters, « "Apocalyptic Sectarianism" : The Theology at Work in Critiques of Catholic Radicals », *Horizons*, volume 39, n° 2, 18 mars 2013, pp. 208-229 (sur *www.cambridge.org*).

15. William T. Cavanaugh, *Field Hospital : The Church Engagement with a Wounded World*, Wm. B. Eerdmans Publishing Co, 2016.

16. *Ibidem* (je traduis).

17. *Ibidem*.

magistère romain sur la légitimité de l'implication des chrétiens dans les structures politiques ? L'objection, ancienne, est aujourd'hui portée par un courant en pleine reviviscence : l'intégralisme. Tout aussi nourri de la critique postlibérale, ce dernier s'emploie à défendre un projet radical à sa façon : la restauration de la chrétienté « par le haut ». Profitant de la vague illibérale et de l'élection en 2016 de Donald Trump, l'intégralisme, bien qu'encore minoritaire, a gagné en visibilité et en influence intellectuelle au sein de la droite américaine.

En 2019, les pages du *Church Life Journal* accueillent un débat entre le moine cistercien austro-américain Edmund Waldstein et un jeune théologien catholique, Timothy Troutner[18]. Or, une fois encore, Dorothy Day se retrouve symboliquement au cœur de l'échange. Troutner estime que les catholiques ont de bonnes raisons d'hésiter à poursuivre dans la voie réactionnaire défendue par son interlocuteur, raisons qui tiennent à la nature du libéralisme (plus ambigu et corrompu qu'unilatéralement néfaste) autant qu'à l'impasse propre à un projet coercitif indifférent aux erreurs commises dans le passé par les chrétiens et irréaliste dans une société pluraliste. À ce modèle surplombant, il oppose l'approche « par le bas » du *Catholic Worker Movement*, modèle équilibré d'ouverture critique aux réalités du temps : « [Les communautés locales] constituent des ateliers pour imaginer, avec les non-catholiques de bonne volonté, la fin du capitalisme et le remplacement de la démocratie libérale par une démocratie qui préserve ses acquis. Rien n'est plus éloigné de la nostalgie de l'intégralisme pour l'autorité coercitive que la non-violence et l'engagement de Day envers les marginalisés ; pourtant, rien ne reflète mieux le correctif christologique dont la chrétienté a si désespérément besoin[19]. »

Dans sa réponse[20], le père Waldstein enfonce toutefois le clou : le *Catholic Worker Movement* ne saurait être un « modèle adéquat » pour les catholiques, faute d'une conception positive de l'autorité et de la hiérarchie, et donc de l'obéissance. Il est vrai que, sous la plume de Dorothy Day, les anecdotes d'épreuves nées de l'organisation relativement anarchique et libre des communautés ne manquent pas : « Le défaut de *leadership* est aussi un facteur d'échec[21] », admettra-

18. Timothy Troutner, « The Integralist Mirroring of Liberal Ideals », *Church Life Journal*, 8 mars 2019 (sur *https://churchlifejournal.nd.edu*).

19. *Ibidem*.

20. Edmund Waldstein, « Integralism and the Logic of the Cross », *Church Life Journal*, 19 mars 2019 (sur *https://churchlifejournal.nd.edu*).

21. D. Day, *La longue solitude*, *op. cit.*, p. 347.

t-elle ainsi, lucide, en méditant ses aventures rurales. On peut cependant estimer que, par l'aveu ouvert des problèmes rencontrés, Dorothy Day invite d'emblée non pas à prendre le *Catholic Worker Movement* comme un modèle idéal, clefs en main, à répliquer à l'identique en tout lieu et en tout temps, mais à puiser dans ses pages des leçons pour corriger librement l'avenir. Aussi articulée et cohérente que soit sa pensée, Dorothy Day n'est en effet pas une théoricienne mais une intuitive : même son anarchisme de jeunesse était déjà moins un rejet idéologique et systématique de l'autorité qu'une méfiance innée vis-à-vis de son invocation abusive et d'une centralisation indue, aliénante et déresponsabilisante (une intuition qui se mariera finalement bien, après sa conversion, avec l'idée chrétienne de subsidiarité). Par ailleurs, malgré quelques passes d'armes avec l'autorité ecclésiastique (son célèbre soutien en 1949 à la grève des fossoyeurs de Calvary Cemetery contre le cardinal Francis Spellman), son obéissance fidèle et son souci d'orthodoxie sont abondamment documentés : « Je crois en l'Église catholique romaine et tout ce qu'elle enseigne, *explique-t-elle à un communiste.* J'ai accepté son autorité de tout mon cœur[22]. » Finalement, Dorothy Day offre le précieux exemple d'une recherche d'équilibre entre contestation et obéissance, respect et lucidité, fidélité et liberté qui, à l'heure des récents scandales internes à l'Église, peut inspirer ceux qui peinent à concilier ces pôles en apparence contraires.

« ***Dorothy Day offre le précieux exemple d'une recherche d'équilibre entre contestation et obéissance*** »

* * *

Dorothy Day n'a certainement jamais prétendu être au-dessus de toute erreur ou critique. Il est vrai qu'on peinerait à trouver en elle un guide pour s'engager en chrétien dans le jeu politique institutionnel. De même peut-on douter que l'échelle de la communauté suffise à répondre à tous les enjeux de précarité soulevés par la société moderne. Reste que l'expérience stimulante du *Catholic Worker Movement* est devenue centrale dans la réflexion sur le réinvestissement par les chrétiens de la question politique, aux États-Unis et, depuis peu, en France. En témoignent des initiatives comme les cafés associatifs solidaires *Le*

22. D. Day, *From Union Square to Rome*, chap. XII, 1938, Preservation of the Faith Press ; reedition Orbis Books, 2006.

Simone, à Lyon, et *Le Dorothy*, à Paris, qui adaptent librement certaines de ses intuitions aux réalités locales[23].

Rien d'étonnant, dès lors, à ce que le pape François, en voyage aux États-Unis en 2015, ait mis en exergue devant le Congrès la figure attachante de Dorothy Day. La synodalité est devenue depuis le langage officiel de l'Église, prêtant parfois aux moqueries que suscitent immanquablement les mots d'ordre institutionnels. Or il y a chez Dorothy Day des trésors de ressources pour imaginer, par-delà les limites de la communication, des changements concrets dans nos façons de faire locales. Sa lecture pourrait innerver l'ensemble de nos expériences ecclésiales enracinées, à commencer par la plus universelle : la vie de nos paroisses. Elle aiderait grandement à dynamiter dans nombre d'esprits l'image inconsciente de cette dernière comme simple lieu de prestation de services spirituels, proposant aux laïcs, à la marge, des activités associatives charitables, louables mais optionnelles, et dont on délègue paresseusement la gestion à l'organisme religieux. Par le témoignage de ses peines et de ses joies, elle offre un vaccin précieux contre la négligence individualiste de la communauté ou son idéalisation naïve. À eux seuls, son ouverture et sa disponibilité aux êtres et à la providence, sa quête de relations humaines non violentes, sa pratique modeste de la « petite voie » de sainte Thérèse de Lisieux[24], son sens de la poésie rencontrée dans les petites choses et sa formidable espérance composent une sorte d'éthique de la vie partagée.

On peut, bien sûr, penser que tout va pour le mieux dans nos communautés. Mais posons-nous tout de même cette simple question : le jour où la terre tremblera pour nous aussi, dans quelle mesure croyons-nous pouvoir compter sur elles ?

Maxence COLLIN

23. Trois membres fondateurs de ces cafés – Paul Colrat, Foucauld Giuliani et Anne Waeles – ont d'ailleurs explicité les leçons qu'ils tiraient de Dorothy Day dans le chapitre « Quel enracinement ? » de *La communion qui vient : carnets politiques d'une jeunesse catholique* (Seuil, 2021).

24. Une référence capitale pour Dorothy Day, qui consacra à la fin de sa vie une biographie à la sainte française : *Therese : A Life of Therese of Lisieux*, Templegate Publishing, 1979 (non traduit).

Religion

CHRONIQUE

d'Anne Lécu

Religieuse dominicaine, médecin
dans une maison d'arrêt en Île-de-France

L'esprit d'enfance

Récemment, l'occasion m'a été donnée de retourner en Terre sainte, où je n'étais allée qu'une fois, il y a trente-trois ans. Les circonstances tragiques du conflit qui mine cette terre ayant rendu les voyages difficiles, les Lieux saints étaient quasiment vides de pèlerins et de touristes. Dans mon souvenir, des cars entiers se déversaient au Saint-Sépulcre et à Bethléem, mais là, rien, personne. Il n'y avait pas de mur pour séparer les territoires occupés en Palestine d'Israël. Le mur qui entoure Bethléem sur désormais trois côtés n'existait pas, et toute l'économie de la petite bourgade est aujourd'hui coulée par l'absence de visiteurs.

J'ai donc pu voir de loin la petite porte qui permet d'entrer dans la basilique de la Nativité, dont les mosaïques magnifiques ont été récemment restaurées. Sa taille réduite visait à empêcher les envahisseurs d'entrer à cheval, à l'époque ottomane. Cette entrée m'a fait penser à une parole magnifique d'un enfant du catéchisme, dans une paroisse que j'ai fréquentée naguère. Il avait trouvé une explication toute simple pour la parabole de la porte étroite, lorsque Jésus disait : « Efforcez-vous d'entrer par la porte étroite car, je vous le déclare, beaucoup chercheront à entrer et n'y parviendront pas » (Luc 13, 24). À la question : « Pourquoi la porte est-elle étroite ? », il avait répondu : « Eh bien, parce que, pour entrer, il faut être petit. »

Il faut encore être petit pour descendre dans la crypte de la basilique et se recueillir à l'endroit où Jésus serait né, conservé par des générations de croyants. Voilà peut-être la première leçon de Bethléem : la grandeur de l'esprit d'enfance, qui sait voir les évidences que nous ne voyons plus. Un enfant a une vive conscience de sa taille et il aspire à grandir, à découvrir, à connaître. Il fait confiance, il a l'avenir devant lui, mais il est vulnérable et le sait, il demande aux grands de l'aide. L'esprit d'enfance que les évangiles nous invitent à cultiver, c'est celui-là, qu'il ne faut pas confondre avec l'infantile. Là où l'infantile veut du « cliquant », du « tout, tout de suite », de la pensée magique, l'esprit d'enfance cultive la confiance et la remise de soi à plus grand que soi. L'esprit d'enfance se conforme au Christ qui remet sa vie entre les mains de son Père, non seulement sur la croix mais à chaque fois qu'il s'enfonce dans la nuit pour prier. C'est pourquoi Jésus fait l'éloge de l'esprit d'enfance : « Amen, je vous le dis : si vous ne changez pas pour devenir comme les enfants, vous n'entrerez pas dans le royaume des Cieux. Mais celui qui se fera petit comme cet enfant, celui-là est le plus grand dans le royaume des Cieux » (Matthieu 18, 3-4).

Mais il ajoute : « Celui qui est un scandale, une occasion de chute, pour un seul de ces petits qui croient en moi, il est préférable pour lui qu'on lui accroche au cou une de ces meules que tournent les ânes et qu'il soit englouti en pleine mer » (Matthieu 18, 6). Bien au-delà de la situation de Bethléem ou de Jérusalem, ce retour sur les lieux de la naissance de Celui qui a accepté d'être absolument démuni entre les mains des hommes, de sa naissance à sa mort, m'a fait méditer sur la transmission de l'esprit d'enfance. Comment transmettre l'esprit d'enfance dans une société clivée ? Comment aider les plus petits à dépasser les conflits de leurs aînés ? Comment nous entraider, là où nous sommes, à envisager l'avenir comme notre bien commun le plus précieux, à construire ensemble, au-delà des clans, un monde habitable ? Questions naïves, peut-être, mais, comme le rappelait Hannah Arendt, la naissance d'un enfant n'est-elle pas le meilleur antidote à la fatalité ?

Il y a de la grandeur à se faire petit. Les expériences dures de la vie peuvent nous entraîner au cynisme, et l'état de notre monde aussi. Pourtant, l'esprit d'enfance ouvre des chemins à ceux qui pensaient avoir tout vu. Le cultiver, sans naïveté, relève d'une forme d'ascèse. Si l'Évangile est la Nouveauté absolue et si Dieu s'est fait homme, y croire n'est-ce pas tenter de faire attention à tout ce qui naît, y compris l'espoir le plus vulnérable, le plus ténu, le plus fragile ? Et pourquoi pas croire en une paix possible – et juste – pour cette terre biblique si fracturée ?

HIROSHIMA ET LE CINÉMA : UN AMOUR SINGULIER

Barthélémy COURMONT

La destruction de Hiroshima en août 1945 a durablement marqué le cinéma japonais. L'accès longtemps interdit aux images a suscité un imaginaire qui privilégie l'évocation et la mémoire. Aujourd'hui, le débat n'est pas retombé, comme le montre la réception critique du film Oppenheimer. *Au cours des années, les œuvres de fiction reflètent l'évolution du paysage politique et la relation complexe de la population à cette période de l'histoire du Japon.*

Souvent acclamé par la critique, le cinéma japonais contemporain doit beaucoup à l'environnement de l'après-Seconde Guerre mondiale, dans lequel il a puisé son inspiration et s'est forgé une identité qui lui est propre. Les grands cinéastes comme Akira Kurosawa (1910-1998), Kenji Mizoguchi (1898-1956), Yasujirō Ozu (1903-1963) ou Mikio Naruse (1905-1969) sont les chefs de file d'un mouvement humaniste dans lequel on trouve également des cinéastes populaires comme Yamada Yōji (né en 1931) et moins célèbres comme Hiroshi Shimizu (1903-1966), Keisuke Kinoshita (1912-1998), Masaki Kobayashi (1916-1996), Kon Ichikawa (1915-2008), Kaneto Shindō (1912-2012) ou Hiroshi Teshigahara (1927-2001)[1]. Ce mouvement humaniste puise dans le traumatisme de la guerre, une société en reconstruction, la vie quotidienne et les différents sujets qui ne tombaient pas sous le coup de la censure pendant la période d'occupation, et caractérise le cinéma japonais d'après-guerre jusqu'à la fin des années 1960.

1. Pour une bonne présentation de ces cinéastes, lire Mathieu Li-Goyette (dir.), *L'humanisme d'après-guerre japonais*, Éditions Panorama Cinéma, 2011 ; sur Yamada Yōji, lire Claude Leblanc, *Le Japon vu par Yamada Yōji*, Éditions Ilyfunet, 2021.

L'héritage de Hiroshima et de Nagasaki est pour sa part singulier et a profondément marqué le cinéma japonais d'après-guerre[2]. L'impossible accès aux images filmées dans les villes atomisées pendant des décennies eut pour effet de déformer la réalité et de recréer un imaginaire autour de ce que purent être les jours qui suivirent les bombardements atomiques. Pour autant, dès la levée de la censure imposée par les forces d'occupation américaines, le cinéma japonais s'empara du nucléaire pour en faire un sujet cinématographique qui est encore très présent de nos jours. À cet égard, la sortie en 1959 du film français *Hiroshima mon amour* d'Alain Resnais (1922-2014), avec l'actrice française Emmanuelle Riva et l'acteur japonais Eiji Okada, écrit par Marguerite Duras (1914-1996), fut un véritable événement pour plusieurs raisons. D'abord parce qu'il s'agit du premier film bénéficiant d'une notoriété internationale – il fut notamment présenté au festival de Cannes – à prendre place à Hiroshima, moins de quinze ans après la destruction de la ville. Ensuite, il introduit un parallèle entre le devoir de mémoire en Europe et au Japon, et compare notamment l'exclusion dont furent victimes les conjointes de soldats allemands après la Libération au sort des rescapés du feu nucléaire. En montrant de nombreuses scènes filmées en extérieur, il offre au spectateur un aperçu de la reconstruction de la ville, notamment le musée de la Paix qui apparaît dans plusieurs scènes, mais aussi les mouvements antinucléaires très présents pendant cette période au Japon[3]. Enfin, la phrase qui revient de manière insistante – « Tu n'as rien vu à Hiroshima » – revêt de multiples connotations et peut notamment être perçue comme une allusion à l'absence d'accès aux images d'archives. Le film de Resnais ne peut ainsi présenter la moindre image de Hiroshima dans les jours qui suivirent sa destruction et met l'accent sur la représentation de l'événement plus que la réalité de ce que connurent les habitants de la ville. Il est, en ce sens, emblématique du cinéma prenant Hiroshima comme sujet, puisant dans les témoignages des survivants mais privilégiant l'évocation et la mémoire au choc d'images souvent insoutenables.

Le cinéma qui aborde Hiroshima reste, quatre-vingts ans après le 6 août 1945, sujet à controverses et provoque un malaise dans la

2. Akira Mizuta Lippit, « Antigraphy : Notes on atomic writings and postwar Japanese cinema », *Review of Japanese Culture and Society*, volume 10, décembre 1998, pp. 56-65.

3. Les mouvements pacifistes et antinucléaires se développent à Hiroshima, dès 1946, et gagnent en importance après le Traité de San Francisco de 1951 et les mouvements d'opposition à la présence militaire américaine au Japon dans les années 1950.

société japonaise. Le succès planétaire du film *Oppenheimer* (2023) de Christopher Nolan (né en 1970) s'est ainsi fait attendre au Japon, puisque le film ne fut diffusé dans l'archipel de manière confidentielle qu'à la fin du mois de mars 2024, soit huit mois après sa sortie mondiale. *Oppenheimer* devait au préalable sortir au Japon en décembre 2023, déjà en retard de plusieurs mois, et son distributeur, Bitters End Inc., avait même alors communiqué que « le sujet traité dans *Oppenheimer* [avait] une importance essentielle et spéciale pour nous les Japonais ». Mais, sous la pression de *hibakusha* (survivants de l'explosion atomique) se plaignant de ne pas suffisamment représenter la ville détruite en 1945, cette sortie fut retardée. L'ancien maire de la ville de Hiroshima, Takashi Hiraoka, s'est même montré très critique après l'avoir vu en avant-première : « Du point de vue de Hiroshima, l'horreur des armes nucléaires n'a pas été suffisamment représentée. Le film a été réalisé de sorte qu'il valide la conclusion selon laquelle la bombe atomique a été utilisée pour sauver la vie des Américains[4]. » Ces propos témoignent du malaise qui demeure encore aujourd'hui dans la société japonaise autour de l'héritage de Hiroshima et de la difficulté à aborder ce thème sans être soumis à un examen critique très partisan[5]. Représenter Hiroshima au cinéma est un défi autant qu'un devoir, celui de transmettre et de ne pas oublier. Une histoire d'amour certes, mais un amour tumultueux.

> ***« Représenter Hiroshima au cinéma est un défi autant qu'un devoir »***

Le poids des images des villes atomisées

Le cinquantenaire des bombardements de Hiroshima et de Nagasaki, en 1995, ne fut pas simplement une date symbolique dans l'histoire des commémorations de l'événement. C'est également la même année que de nombreux documents furent déclassifiés par les services d'archives aux États-Unis, qui les détenaient secrètement depuis un demi-siècle. Parmi eux, on trouve un nombre important de films, tournés soit par des Japonais, soit par les troupes d'occupation

4. Cité dans Arnaud Combe, « Le film *Oppenheimer* controversé au Japon », *Les Inrockuptibles*, 4 avril 2025 (sur *www.lesinrocks.com*).

5. Barthélémy Courmont, *Le Japon de Hiroshima, L'abîme et la résilience*, Vendémiaire, 2015.

américaines, dans les jours ou les semaines qui suivirent les explosions nucléaires. Ces images exceptionnelles furent interdites de diffusion par la censure et archivées pendant cinq décennies, à l'exception de certaines qui furent rendues publiques progressivement, avant de pouvoir apparaître dans des documentaires consacrés à cet épisode, à la fois connu de tous et pour lequel les images manquaient cruellement à l'appel, afin d'en illustrer la réalité de manière plus marquante que tous les récits. Ce n'est donc qu'à partir de 1995 que les reportages purent se servir d'images jusqu'alors interdites, ce qui a eu pour effet de modifier le regard que les opinions publiques portent sur la bombe atomique et ses effets.

Cette campagne de transparence, qui déferla sur le Japon et dans le reste du monde, est à replacer dans son contexte. Moins d'une décennie après l'accident de Tchernobyl (1986) et en pleine période de condamnation des essais nucléaires – dont la France fit les frais quand Jacques Chirac, récemment élu à la présidence de la République française, annonça leur reprise[6] –, le nucléaire en général et l'arme nucléaire en particulier n'avaient sans doute jamais été à ce point montrés du doigt. Son caractère protecteur souvent mis en avant par les stratèges pendant la Guerre froide et son statut de pilier des théories de dissuasion s'en trouvèrent par ailleurs remis en cause après la fin de la bipolarité et de l'équilibre de la terreur. Tandis que Hiroshima et Nagasaki commémoraient un demi-siècle de vie après la bombe et que le monde entier découvrait des images terrifiantes, jamais sans doute l'arme nucléaire ne fut à ce point l'objet de vives attaques. D'un point de vue pictographique, l'accès aux archives documentaires se solda par des reportages saisissants en comparaison avec tout ce qui avait été proposé jusqu'alors, fermant une parenthèse de cinq décennies au cours de laquelle les images de Hiroshima et de Nagasaki furent le plus souvent imaginées et la fiction joua pour cette raison un rôle considérable.

On relève plusieurs films qui furent tournés à Hiroshima et à Nagasaki, à la fois par des équipes japonaises et les forces d'occupation américaines. En septembre 1945, la société *Nippon Eigasha* envoyait déjà des équipes filmer à Nagasaki et à Hiroshima, afin de

6. Cet événement nous invite à considérer que, si la décision de reprendre les essais nucléaires pouvait être justifiée d'un point de vue militaro-stratégique, le moment choisi pour en faire l'annonce, à quelques semaines du cinquantenaire des bombardements de Hiroshima et de Nagasaki, n'était certainement pas le plus approprié.

prendre la mesure de la destruction des deux villes et de recueillir les premiers témoignages visuels. Mais le 24 octobre 1945, un policier militaire américain interdit à un cameraman japonais de continuer à filmer à Nagasaki, marquant le premier épisode concret de la censure sur les deux villes atomisées. Qualifiés de propagande, les films de *Nippon Eigasha* furent alors confisqués par les Américains et classés secret-défense.

En parallèle à cette production japonaise avortée, des *rushes* constituant un total de 27 kilomètres de pellicule furent filmés à cette époque par les équipes du lieutenant Daniel A. McGovern pour l'*U.S. Strategic Bombing Survey*, organisme militaire américain chargé de l'évaluation des bombardements stratégiques. Progressivement réclamés par le gouvernement japonais, déclassifiés et sauvés de l'oubli, c'est seulement à partir de la fin des années 1960 ou au début des années 1970 que les premiers films d'archives en noir et blanc furent montrés au public au Japon et aux États-Unis. Il faudra attendre les années 1980 pour voir les premiers films en couleur. Le documentaire *Original Child Bomb* de Carey McKenzie (ou Schonegevel, née en 1969), paru en 2004, révèle encore, près de soixante ans après, des images inédites[7]. *White Light/Black Rain : The Destruction of Hiroshima and Nagasaki* de Steven Okazaki (un Américain d'origine japonaise né en 1952), réalisé en 2007, est un autre documentaire intéressant en ce qu'il a confronté les témoignages de survivants des deux villes atomisées – Okazaki en a rencontré plus de cinq cents lors de son enquête et a sélectionné quatorze portraits – et des Américains impliqués dans les bombardements atomiques (scientifiques ou militaires à l'époque), en s'appuyant sur des images d'archives récemment rendues publiques. Mais il est hautement probable que de nombreuses images n'aient pas encore été montrées au public, sans doute par manque d'intérêt ou pour ne pas choquer, mais on peut également s'interroger sur leur contenu. Ainsi, trois décennies après la déclassification des archives visuelles de Hiroshima et de Nagasaki, il reste de nombreuses images qui n'ont pas encore été rendues publiques.

« Il reste de nombreuses images qui n'ont pas encore été rendues publiques »

7. Sur ce sujet sensible, lire Greg Mitchell, « The Great Hiroshima Cover-Up », *Huffington Post*, 6 septembre 2009 (sur *www.huffpost.com*).

Il est cependant intéressant de noter que, dès 1945, les forces d'occupation ne cherchèrent pas à nier les bombardements atomiques, qui furent au contraire mis en avant comme l'élément décisif ayant mis un terme au conflit et faisant la démonstration de la supériorité de l'armée américaine, à la fois face au Japon vaincu et à de potentiels ennemis. C'est donc paradoxalement par la voie de la propagande que les premières images des bombardements nucléaires et de leurs effets furent transmises. Mais ces images étaient soigneusement sélectionnées. Les forces d'occupation américaines n'hésitèrent d'ailleurs pas à mettre à profit l'interdiction de diffusion des images les plus choquantes pour insister sur le caractère novateur et, à certains égards, salvateur de l'arme nucléaire.

> **« *La culture populaire s'est rapidement emparée de Hiroshima comme sujet* »**

Dès 1945 fut présenté *The Atom Strikes*, un reportage officiel américain à propos du projet Manhattan et des bombardements de Hiroshima et de Nagasaki, vus ici comme l'aboutissement d'un gigantesque programme scientifique ayant pour objectif de mettre un terme au conflit. Aucune victime n'est montrée dans les images. En 1946 fut filmé *Return to Hiroshima*, un autre reportage d'actualité américaine qui s'attarde davantage sur l'après-bombardement, en montrant successivement des blessés japonais (il s'agit de quelques images japonaises qui furent confisquées au moment de l'occupation et sont très scrupuleusement sélectionnées) et des images du début de la reconstruction de la ville. La même année sortit *A Tale of Two Cities*, un autre film américain qu'on peut sans difficulté qualifier de propagande, puisqu'il montre les destructions matérielles mais pas les victimes des deux bombardements. Ces différentes productions, malgré leur intérêt historique évident, ne donnent pas grand-chose à voir en ce qui concerne la réalité des victimes le jour de l'explosion, l'ampleur du désastre et le chaos qui s'ensuivit. C'est sans doute leurs évidentes carences qui expliquent l'engouement pour les récits et les films faisant référence de manière plus crue à la bombe atomique. À ce titre, de nombreuses œuvres furent produites au Japon, témoignant à la fois du besoin pour les survivants de transmettre les images d'une manière ou d'une autre, et de la curiosité de la population, restée peu informée dans le détail de ce qui s'est passé les jours du 6 et du 9 août 1945. La culture populaire s'est rapidement emparée de Hiroshima comme sujet et le cinéma n'a pas fait exception[8].

Le fait nucléaire dans le cinéma japonais

Les œuvres de fiction consacrées à l'arme nucléaire furent elles aussi soumises à la réalité politique du Japon des années suivant la défaite, mais connurent assez rapidement un essor important dans l'archipel. La période d'occupation américaine se caractérisa par une forte censure et celle-ci se manifesta de manière très nette dans les productions cinématographiques d'œuvres de fiction[9]. S'y ajoutèrent évidemment les conditions matérielles qui rendaient difficile la remise en état rapide de l'industrie cinématographique japonaise. La censure se fit cependant plus discrète au fil des ans et l'activité cinématographique reprit peu à peu.

L'année 1950 constitue un tournant dans les productions cinématographiques. Pour la première fois, cinq ans après la fin des hostilités, les Japonais portaient un regard sur la guerre dans des œuvres telles que *Kike Wadatsumi no Koe : Nippon senbotsu gakusei shuki* (que l'on pourrait traduire par *Écouter les voix de la mer*). Réalisé par Hideo Sekigawa (1908-1977) à partir d'un recueil de poèmes et de textes tirés de journaux intimes de soldats japonais publié un an plus tôt, ce film a fait sensation, notamment par son affiche montrant un soldat unijambiste et un autre décédé, et connut un important succès. Plusieurs productions du même type suivirent dans la même année, la plus notable étant *Nagasaki no Kane* (*Les cloches de Nagasaki*) de Hideo Ōba (1910-1997), avec Masao Wakahara et Yumeji Tsukioka. Ce film est tiré du livre de Takashi Nagai (1908-1951) publié au Japon un an plus tôt (mais rédigé dans l'année qui suivit l'explosion nucléaire). Nagai est un médecin survivant de Nagasaki, à la fois blessé et au chevet des victimes. Sa femme est décédée dans l'explosion, tandis que ses enfants, qu'il avait conduits à la campagne après l'explosion de Hiroshima, ont survécu. Il raconte, dans ce texte, son expérience personnelle et reproduit une partie du rapport médical qu'il rédigea dans

8. Lire Paul Morris, Naoko Shimazu et Edward Vickers (éds), *Imagining Japan in Post-War East Asia : Identity Politics, Schooling and Popular Culture*, Routledge, New York, 2013.

9. Lire Hirano Kyōko, *Mr. Smith Goes to Tokyō : The Japanese Cinema Under the American Occupation, 1945-1952*, Smithsonian Institute, Washington DC, 1992.

les semaines suivant l'explosion[10]. Le titre de son livre, et du film qu'il inspira, fait référence aux cloches de la célèbre cathédrale d'Urakami. Porteur d'un message d'espoir plutôt inédit à l'époque, Nagai explique dans ses pages que « ce sont des cloches qui n'ont pas sonné pendant des semaines ou des mois après la catastrophe. Qu'il n'y ait jamais un moment où elles ne sonnent pas ! Puissent-elles sonner ce message de paix jusqu'au matin du jour de la fin du monde ». Il convient de noter ici que la publication de ce livre fut dans un premier temps interdite par la censure exercée par les forces d'occupation américaines. Ce n'est qu'après avoir ajouté un document en annexe présentant et condamnant les atrocités commises par les forces japonaises aux Philippines qu'il fut finalement autorisé. Dans les versions publiées ultérieurement, cette annexe ne figure plus. Cet épisode est assez révélateur de la marge de manœuvre dont disposent alors les survivants, comme les artistes, pour commenter les explosions nucléaires : le devoir de mémoire est autorisé dès lors qu'il s'accompagne d'une condamnation ferme du militarisme japonais et des crimes de l'armée impériale. Notons enfin que s'il fut publié en 1954 en français chez Casterman, il fallut cependant attendre 1994 pour que ce texte soit finalement publié en anglais.

En 1951, année de la signature du Traité de San Francisco qui marque le retour de la souveraineté du Japon et la fin de l'occupation américaine, fut présenté *Le chant de Nagasaki* de Tomotaka Tasaka (1901-1974). À partir de là, les cinéastes japonais vont s'emparer du sujet et créer des œuvres de fiction dans lesquelles la réalité est omniprésente. En 1952 sortait *Les enfants de Hiroshima* de Kaneto Shindō (1912-2012), avec Nobuko Otowa, Chikako Hosokawa et Masao Shimizu. Dans ce film, une institutrice ayant exercé à Hiroshima part à la recherche d'élèves survivants quelques années après le bombardement atomique et fait des découvertes bouleversantes. À l'été 1952, plusieurs activités artistiques font par ailleurs des références explicites aux bombardements nucléaires. Expositions de photos, dessins, arts plastiques ou encore documentaires se succèdent. Le 6 août, l'hebdomadaire *Asahigurafu* publia des photos de Hiroshima prises juste après l'explosion. Il s'agissait de la première publication de tels docu-

10. Né en 1908, atteint de leucémie avant l'explosion atomique, sans doute en raison de son travail de radiologue, Takashi Nagai ne peut plus exercer d'activité professionnelle à partir de 1946 et décède en 1951. Un petit musée rassemblant ses objets personnels, le *Nagasaki City Nagai Takashi Memorial Museum*, lui est désormais consacré à Nagasaki.

ments et le magazine s'écoula à plus de 520 000 exemplaires. Dans la foulée, plusieurs magazines exploitèrent le filon des photos des deux villes atomisées, à tel point qu'un journaliste du *Kyoto shimbun* décrivit la situation dans le monde de l'édition pendant l'été 1952 comme « soufflée par la bombe atomique[11] ».

En 1953, sortait *Scènes de la bombe A* de Tadashi Imai (1912-1991), et *Hiroshima* de Hideo Sekigawa (1908-1977), avec Yumeji Tsukioka, Isuzu Yamada, Eiji Okada et Yasumi Hara. Ce film, dans lequel apparaît Eiji Okada (héros de *Hiroshima mon amour* d'Alain Resnais, six années plus tard), est un événement car il fait revivre, quelques années après, le drame de 1945 en reconstituant des images de la journée du 6 août. Sekigawa met par ailleurs en scène les multiples conséquences de la bombe sur les habitants, et notamment les difficultés du quotidien. Il opère une rupture avec les années d'occupation marquées par la censure et ouvre le champ à des productions moins liées aux contraintes politiques. En 1955, avec *Vivre dans la peur*, avec Toshirō Mifune, Takashi Shimura et Minoru Chiaki, Akira Kurosawa (1910-1998) s'empare des craintes relatives au bombardement atomique pour une œuvre de fiction dans le Japon en pleine reconstruction des années 1950, mais aussi marquée par l'angoisse d'une nouvelle explosion nucléaire. Cette fois, le souvenir de Hiroshima et de Nagasaki s'efface pour laisser place aux fantasmes nucléaires propres à cette période. En 1956 sortait *Il est toujours bon de vivre* de Fumio Kamei (1908-1987). Le réalisateur y décrit l'horreur des séquelles des bombardements de Hiroshima et de Nagasaki, en filmant la vie quotidienne des victimes, dix ans après la tragédie. Les personnes irradiées s'inquiètent alors de leur avenir, nombre d'entre elles souffrent de leucémie et c'est ce que met en scène Kamei. Sorti en 1959, *La tragédie du Lucky Dragon N° 5* de Kaneto Shindō, avec Uno Jūkichi, Otowa Nobuko et Inaba Yoshio, raconte de son côté un accident survenu en 1954, des pêcheurs japonais étant exposés à des radiations à proximité d'une zone d'essais nucléaires américains (dans l'atoll de Bikini). Sans évoquer directement Hiroshima et Nagasaki, ce film fait écho à celui de Kurosawa précédemment cité, en mettant en scène les angoisses liées aux radiations nucléaires.

« Le souvenir s'efface pour laisser place aux fantasmes nucléaires »

11. *Kyoto shimbun*, 16 septembre 1952.

Ai to shi no kiroku (traduit par *Cœur de Hiroshima*) de Koreyoshi Kurahara (1927-2002), sorti en 1966, est pour sa part une variation sur le thème de Roméo et Juliette qui pose la question des séquelles provenant des radiations dont souffre l'amant, qui pousse son aimée à le suivre dans la mort. Sorti en 1967, *Kawa, Ano Uragiri ga omoku* (*La rivière, poème de la colère*) de Kôta Mori (né en 1938), avec Jun Haiji et Kimiki Tomita, raconte la vie d'un couple rattrapé par les fantômes de l'explosion nucléaire durant une visite au monument aux victimes, deux décennies après la destruction de leur ville.

En 1970, le film *Chi no mure* (*Troupeaux terrestres*) de Kei Kumai (1930-2007) s'attache à décrire les relations conflictuelles entre deux communautés de parias, les *burakumin*, traditionnels exclus de la société japonaise, et les *hibakusha*, sur fond de violences commises par les troupes japonaises pendant la guerre. Ce film est particulièrement précieux en ce qu'il met pour la première fois en scène de manière explicite à la fois les responsabilités de l'armée impériale et l'exclusion dont furent victimes les *hibakusha*. Il est, en ce sens, proche du célèbre manga en dix volumes de Keiji Nakazawa (1939-2012), *Gen de Hiroshima* (1973-1985). Il faut attendre 1976 pour que ce manga soit adapté en film d'animation sous le titre *Gen de Hiroshima*, de Tengo Yamada (1916-1998) ; il sera suivi en 1983 et 1986 de *Gen de Hiroshima* 1 et 2, de Mamoru Shinzaki (1908-1991), toujours d'après le manga.

En 1989 sortait *Pluie noire* de Shōhei Imamura (1926-2006), fondé sur le roman de Masuji Ibuse (1898-1993), qui montre des plans pris dans Hiroshima le jour de l'explosion et dans les jours suivants, le sort des *hibakusha* et l'exclusion dont sont victimes les survivants. Dans le même registre et à la même époque, Akira Kurosawa revint de son côté en 1991 sur le thème du double bombardement atomique avec *Rhapsodie en août*, avec Sachiko Murase et l'acteur américain Richard Gere ; dans ce film, le célèbre cinéaste se concentre sur Nagasaki et le parcours d'une survivante.

Sorti en 1995, en marge des commémorations du cinquantième anniversaire du bombardement atomique, le film de télévision canado-japonais de Koreyoshi Kurahara (1927-2002) et Roger Spottiswoode (né en 1945), intitulé tout simplement *Hiroshima*, s'efforce de présenter le processus décisionnel qui conduisit le Président américain Harry Truman à utiliser la bombe atomique. Preuve que le sujet était encore hautement sensible, cinquante ans après (contrairement à une période plus récente, avec le film *Oppenheimer* précédemment cité), aucun Américain ne prit part à la production, les acteurs jouant les rôles des responsables politiques et militaires américains étant en grande majorité des Canadiens. Dans *H Story* de Nobuhiro Suwa (né en 1960), en 2001, avec Béatrice Dalle, une équipe franco-japonaise tenta de faire un *remake* du film de Resnais de 1959. En 2002, *Femmes en miroir* de Yoshishige Yoshida (1933-2022) raconte le destin bouleversé par la bombe atomique de trois femmes. En 2004, *Chichi to Kuraseba* (*La face de Jizo*) de Kazuo Kuroki (1930-2006), avec Rie Miyazawa et Yoshio Harada, relate le dialogue dans les années d'occupation entre une *hibakusha* et son père, mort le 6 août 1945 à Hiroshima. Et, en 2007, *Batōkin yasōkyoku* (*Matouqin nocturne*) de Takeo Kimura (1918-2010), avec Yamaguchi Sayoko et Seijun Suzuki, prend le bombardement atomique de Nagasaki comme décor. Sorti en 2011, le documentaire *Twice, j'ai survécu à deux bombes atomiques*, de Hidetaka Inazuka (né en 1950), raconte de son côté le destin hors du commun de Tsutomu Yamaguchi (1916-2010), qui fait partie des quelques « doubles survivants », témoins des deux explosions atomiques. Enfin, le film franco-japonais *Lumières d'été*, de Jean-Gabriel Périot (2017), propose une visite de Hiroshima sur les traces des survivants.

« Hiroshima, dans la mémoire collective japonaise, représente la souffrance des victimes »

Ces films ont en commun de mettre en relief les *hibakusha*, au point qu'il convient de parler d'un genre cinématographique consacré aux victimes de la bombe atomique, le « cinéma *hibakusha* »[12]. L'évocation politique est souvent absente, et le contexte historique accessoire. Ce manque s'explique en partie par le poids de la censure – américaine, jusqu'en 1952, et une forme d'autocensure ensuite – et ses effets dans la durée dans la manière dont se conçoivent la représentation visuelle du feu nucléaire et ses conséquences, mais aussi par ce que représente l'héritage de Hiroshima dans la mémoire collective japonaise, à savoir la souffrance des victimes plus qu'un événement politique ou historique. En ce sens, les films consacrés à Hiroshima et à Nagasaki sont révélateurs du regard que portent les Japonais sur ce double événement[13].

12. Sur ce sujet, lire Mick Broderick (éd.), *Hibakusha Cinema : Hiroshima, Nagasaki and the Nuclear Image in Japanese Film*, *op. cit.* Notons que ce livre déjà cité est l'une des rares références sur Hiroshima et le cinéma. Lire également Jerome F. Shapiro, *Atomic Bomb Cinema*, Routledge, New York, 2002.

13. Asada Sadao, « The Mushroom Cloud and National Psyches : Japanese and American Perceptions of the A-Bomb Decision, 1945-1995 », *Journal of American-East Asian Relations*, volume 4, n° 2, été 1995, pp. 95-116 (sur *www.jstor.org*).

Il convient cependant de noter le nombre relativement faible de ces productions qui s'inspirent des destructions de Hiroshima et de Nagasaki, et de constater dans le même temps qu'en dehors du Japon, on ne compte également que très peu de productions consacrées aux bombardements atomiques. Le journaliste britannique Ronald Bergan s'interrogeait par exemple en 2010 sur le fait qu'en dehors de *Hiroshima mon amour*, aucune production internationale, et en particulier américaine, ne fut consacrée à la ville atomisée[14]. Et il est difficile de considérer qu'*Oppenheimer* (2023) est consacré à Hiroshima, la ville japonaise occupant de fait une place très secondaire dans le film de Christopher Nolan (né en 1970). Quand on sait l'appétit vorace des scénaristes hollywoodiens pour les histoires mettant en scène des images marquantes, le goût prononcé pour les rétrospectives sur la Seconde Guerre mondiale et les informations assez fiables dont nous disposons sur Hiroshima et Nagasaki, il est surprenant de ne rien voir de plus que quelques évocations, en marge de productions traitant de cette période, et qui généralement ne prennent pas position pour ou contre la bombe atomique. Sans doute faut-il y voir un sentiment de culpabilité persistant ou la volonté de ne pas aborder un sujet qui reste très sensible.

Il est difficile enfin de conclure ce texte sans faire mention de la culture populaire et des films de *kaiju* (« monstres »), qui s'inspirent du feu nucléaire sans y faire explicitement référence. Le personnage de Godzilla (trente-huit films depuis le premier en 1954) est révélateur d'un cinéma d'après-guerre qui joue les prolongations[15]. Son omniprésence dans le paysage de la culture populaire japonaise témoigne d'une obsession pour le feu nucléaire, mais qui s'exprime le plus souvent de manière implicite. Un amour nucléaire d'une certaine manière, mais un amour coupable et presque honteux.

Barthélémy COURMONT

ETVDES

Retrouvez le dossier « **Films** »
sur *www.revue-etudes.com*

14. Ronald Bergan, « Why Hollywood ignores Hiroshima », *The Guardian*, 15 août 2010 (sur *www.theguardian.com*).

15. Sur ce sujet, lire Alain Vézina, *Godzilla : une métaphore du Japon d'après-guerre*, L'Harmattan, 2009.

Culture

CHRONIQUE

d'Emmanuel Godo

Poète, écrivain et essayiste, professeur de littérature en classes préparatoires au lycée Henri-IV (Paris)

Se réjouir

« Être capable de trouver sa joie dans la joie de l'autre : voilà le secret du bonheur. » Stéphane Barsacq tire de ce conseil de Georges Bernanos le principe de composition d'un livre qui ressemble à un banquet royal : *La réjouissance* (Corlevour, 2025). Il y partage ses amitiés, ses admirations, les liens vivants qu'il a tissés, au fil du temps, avec des âmes nommées Dante, Ronsard, Rimbaud, Bonnefoy ou Jabès. Âmes ardentes qui savaient que la poésie n'est pas une activité secondaire mais le lieu où le souffle se reconstitue sans cesse, où le regard se rallume, où la parole renaît de ses cendres. Et Stéphane Barsacq de citer Gilbert Lely, le redécouvreur de Sade au XXe siècle : « La poésie sert à rendre assimilable les éléments nutritifs de la réalité. »

Un tel livre est la réponse de l'esprit à la grisaille et aux crispations contemporaines. L'art dont il est question n'est pas seulement celui de lire, mais aussi celui de tirer de ses lectures une énergie pour ne pas se laisser absorber par la folie ambiante et l'immense disette spirituelle et morale qui la sous-tend. On n'est pas surpris que la poésie y joue un rôle central, avec une préférence pour celle qui refuse l'enflure du langage et qui, comme celle de Philippe Jaccottet ou de Guy Goffette, « appelle chacun au dépouillement dans un chant plus pur, et mieux qu'amoindri, fort de sa fragilité – une fragilité qui signe le lien de chacun à son prochain dans la conscience d'une finitude réciproque ». À l'image de cet aveu bouleversant de Wystan Hugh Auden : « Si l'amour ne peut être partagé, que je sois celui qui aime le plus. »

Qu'il faut de voix pour faire une seule voix ! Tout texte, tout poème, tout vers est au croisement de mille échanges, souvenirs ou appels. La moindre page est la suite d'une conversation commencée il y a des siècles et qui se poursuivra ailleurs, plus loin, plus tard, avec de tout nouveaux visages, imprévisibles.

Et c'est une réjouissance, de celles qui vont jusqu'au ciel, il semblerait. Et qui sont à même de calmer bien des angoisses nées d'une mésinterprétation de nos limites : nous ne sommes qu'un instant d'un labeur général, vaste comme l'histoire des hommes. Patrice de La Tour du Pin le fait entendre avec une clarté magnifiquement communicative dans le cinquantième de ses *Psaumes*, que François-Xavier Durye republie opportunément sous le titre *Offices et psaumes* (Salvator, « Centenaire », 2025) : « Car je rends à ceux qui m'ont offert, – je leur laisse en chant ce qu'ils m'ont donné en esprit. // Car beaucoup m'ont donné qui ne savent pas qu'ils m'ont donné, – et je leur laisse moins de plaisir ou d'enthousiasme que je n'ai reçu d'eux. // Je vous rends tellement grâces, Seigneur, d'avoir voulu leur rencontre, – même de ceux qui m'ont fait dévier. »

Il y a les voix sœurs et il y a les voix autres, les voix venues d'un tout autre paysage intérieur. Ce qui me paraît une source de réjouissance inégalable, c'est d'être atteint par la beauté, la force ou la vérité d'une voix alors qu'*a priori* nous n'avons rien de commun avec elle. Elle vient de si loin, elle traverse tant de solitudes et de possibles malentendus pour nous rejoindre. À propos de sa découverte, jeune homme, d'Henri Michaux, Stéphane Barsacq écrit : « Cette poésie venait d'une Lascaux intime. » C'est une impression analogue que j'ai éprouvée à lire le recueil *Matière* de Dominique Quélen (Flammarion, 2025). On est comme au bord de l'asphyxie, dans un espace dense, sans place pour le lyrisme. C'est sec mais d'une implacable justesse qui vous rattrape à un endroit de l'intériorité où il y a de la stupeur, de possibles larmes, mais aussi une incompressible envie de rire, comme si là, au milieu des ombres, Kafka rencontrait Droopy : « Ce fils de chien a besoin d'un bon toilettage. Voilà ce qu'il lui faut. Qu'on lui ôte les poils des oreilles. Qu'on lui ôte les oreilles. Qu'elles tombent d'elles-mêmes. »

Et s'il faut se réjouir, c'est peut-être parce que tout est grâce, et qu'*On ne dort pas même quand on dort* comme nous le souffle le titre du dernier recueil d'Alain Duault (Gallimard, « Blanche », 2025). Et la révolte ? Toutes les raisons qu'on a de s'abandonner à la mélancolie ? Ne pas fléchir, surtout : « Se souvenir des jours heureux il y en a eu des lumières / À dire je meurs à dire je t'aime la voix ne tremble plus / Dans le miroir des fièvres vaines le bureau des larmes / Est derrière les paupières nature morte aux raisins bleus. »

Georges de La Tour : le Maître des nuits

« ***Georges de La Tour, entre ombre et lumière*** », musée Jacquemart-André (*www.musee-jacquemart-andre.com*), 158 boulevard Haussmann, 75008 Paris, jusqu'au 25 janvier.

Jean-François Allain, **Aurélien Bosc**, **Anne-Claire Juramie**, **Soline Massot** et **Alain Pasquier** (dir.), *Georges de La Tour, entre ombre et lumière* (catalogue), Hazan, 2025, 208 pages, 39 €.

Paulette Choné, *Georges de La Tour imprévu*, Fayard, 2025, 276 pages, 23,90 €.

Jean-Pierre Cuzin, *La Tour*, Citadelles & Mazenod, 2021, 384 pages, 199 €.

Pascal Quignard, *Georges de La Tour*, Galilée, 2005, 196 pages, 17 €.

À Paris, le musée Jacquemart-André consacre une exposition inédite à Georges de La Tour et tente de dissiper le mystère entourant le peintre.

■ Dans la continuité de ses précédentes expositions consacrées au Caravage en 2018 et à Artemisia Gentileschi en 2025, le musée Jacquemart-André explore à nouveau l'œuvre de maîtres influencés par la révolution du caravagisme, à travers la figure finalement assez énigmatique de Georges de La Tour (1593-1652). Sous le commissariat de Pierre Curie, conservateur du musée, et de Gail Feigenbaum, historienne et ancienne directrice associée du Getty Research Institute à Los Angeles, cette programmation fait également suite aux expositions de l'Orangerie en 1972 et du Grand Palais en 1997, qui avaient pris la forme d'une rétrospective du peintre du Grand Siècle. Mais le musée Jacquemart-André n'expose cette fois que vingt-trois tableaux sur la quarantaine de connus, accompagnés de sept toiles venues de l'atelier de Georges de La Tour et d'autres peintures de contemporains susceptibles d'éclairer sa démarche.

Néanmoins, et malgré l'absence remarquée du *Tricheur à l'as de carreau* (vers 1636-1638) du musée du Louvre ou de *La diseuse de bonne aventure* (vers 1632-1638) du Metropolitan Museum of Art de New York, l'exposition permet d'appréhender la singularité de La Tour. Né à Vic-sur-Seille, dans le duché indépendant de Lorraine, et mort emporté par une épidémie, l'artiste mène une brillante carrière qui lui vaudra d'être nommé « peintre ordinaire » du roi Louis XIII. Pourtant, un parfum de mystère entoure son existence, car on ne sait finalement que peu de choses sur sa trajectoire, aussi bien en ce qui concerne sa formation de peintre que les raisons tangibles de son oubli progressif. Après sa mort, La Tour disparaît littéralement pendant trois siècles, jusqu'à sa redécouverte au XXe siècle : en 1915 notamment, cette réapparition se fait sous la houlette de l'historien allemand Hermann Voss (1884-1969), qui se compromettra par la suite avec le projet du *Führermuseum* à Linz, ville de jeunesse d'Adolf Hitler.

Au-delà de ces rebondissements, l'exposition du musée Jacquemart-André donne à voir dès les premières salles des œuvres emblématiques de Georges de La Tour, à l'instar de *La femme à la puce* (vers 1632-1635) : vêtue d'une simple chemise ouverte et arborant un ventre arrondi, une jeune femme paraît y arracher une puce, à la lueur d'une bougie. Si, au gré de la scénographie aux tons bruns ou vert sombre d'Hubert Le Gall, l'ambiance nocturne et le clair-obscur iconique frappent d'emblée, des compositions diurnes ne sont pas absentes et s'attachent à des figures marginales. Parmi elles, la saisissante série des *Vielleurs* ou des *Mangeurs de pois* prouve que La Tour pratique une peinture du peuple dénuée de *pathos*. Alors que le peintre a souvent repris le même thème avec des variations, l'exposition juxtapose de manière troublante deux versions du *Saint Jérôme pénitent*, qui montrent respectivement la nudité du saint vieilli, crucifix dans une main, fouet dans l'autre. De même, deux versions du *Saint Pierre repentant* ou *Les larmes de saint Pierre* donnent à voir un coq sur une table et rappellent les propos de Jésus, selon lesquels le coq ne chanterait pas trois fois que Pierre l'aurait renié.

Les dernières salles du musée Jacquemart-André reviennent sur l'importance des chefs-d'œuvre nocturnes, où se manifeste le ténébrisme de Georges de La Tour à l'apogée de son art. Avec sa « Joconde », *Le nouveau-né* (vers 1648), les attributs religieux sont absents, mais une scène de la Nativité vient immédiatement à l'esprit ; avec sa *Madeleine pénitente* (vers 1635-1640) dont la main gauche dissimule une bougie, la vanité des biens terrestres est finement suggérée. Dernier tableau présenté dans l'exposition, le *Saint Jean-Baptiste dans le désert* (vers 1650-1652) a été quant à lui découvert en 1993, de façon quasiment fortuite à l'hôtel des ventes Drouot par Pierre Rosenberg, ancien président du musée du Louvre. Comme d'autres, cette toile et son histoire ne cessent d'alimenter la légende de Georges de La Tour et d'illustrer sa singularité par rapport à ses coreligionnaires, soulignée par André Malraux dans *Les voix du silence* (Gallimard, 1951) : « La lumière des caravagesques tend d'abord à séparer leurs personnages de l'obscurité, mais ce n'est pas l'obscurité que peint La Tour, c'est la nuit. La nuit étendue sur la terre, la forme séculaire du mystère pacifié. »

Christophe Rioux

Vieira da Silva : miroir des passages et des mémoires

« ***Maria Helena Vieira da Silva, anatomie de l'espace*** », Guggenheim Museum (*www.guggenheim-bilbao.eus*), Bilbao (Espagne), jusqu'au 22 février.

Flavia Frigeri (dir.), *Maria Helena Vieira da Silva, Anatomy of Space* (catalogue), Peggy Guggenheim, « Marsilio Arte », 2025, 192 pages, 45 €.

* * *

« ***Denise Colomb, portraits intimes*** », Château du Val Fleury (*www.ville-gif.fr*), 91190 Gif-sur-Yvette, jusqu'au 14 décembre.

Anne Le Diberder (dir.), avec Antoine Cahen, *Denise Colomb, portraits intimes* (catalogue), Ville de Gif, 2025, 72 pages, 10 €.

Le musée Guggenheim, œuvre de l'architecte canado-américain Frank Gehry, qui se dresse à Bilbao sur les rives du Nervión depuis 1997 et constitue un magnifique exemple d'architecture d'avant-garde du XXe siècle, accueille aujourd'hui l'exposition exceptionnelle « Maria Helena Vieira da Silva, anatomie de l'espace ».

■ L'artiste portugaise Maria Helena Vieira da Silva (1908-1992), « peintresse de chevalet » comme elle aimait à se désigner, s'installe à Paris en 1928 après avoir étudié la peinture et le dessin à l'Académie des beaux-arts de Lisbonne, pour poursuivre sa formation à l'Académie de la Grande-Chaumière, où elle rencontrera son futur mari, le peintre juif hongrois Árpád Szenes (1887-1985). Ils vivent tous deux à Paris jusqu'au déclenchement de la Seconde Guerre mondiale, qui les conduit à se réfugier à Rio de Janeiro, jusqu'à leur retour à Paris en 1947. Elle se lie avec la galeriste Jeanne Bucher puis avec un autre galeriste très en vue, Pierre Loeb, dont la sœur, Denise Colomb (1902-2004), prit des photos légendaires de Vieira da Silva.

C'est une de ces photos iconiques réalisées par Denise Colomb dans l'atelier du couple qui accueille le visiteur à l'entrée de l'exposition. La coïncidence est belle, puisque Anne Le Diberder (historienne de l'art et commissaire) et Antoine Cahen (du comité Denise-Colomb) consacrent à cette remarquable et discrète photographe une exposition – la première depuis sa mort – au Centre culturel de Gif-sur-Yvette (Essonne).

Artiste majeure du XXe siècle, Maria Helena Vieira da Silva est l'un des rares exemples, à l'instar de Sonia Delaunay, de peintre, épouse de peintre, plus célèbre que son mari. Flavia Frigeri, conservatrice à la National Gallery de Londres et commissaire de l'exposition « Vieira da Silva : l'anatomie de l'espace », rapporte le mot de René Char : « Vieira, multiple et une. » Vieira da Silva peint mais vit aussi dans son studio atelier. Très vite, à travers ce lieu qui va traverser son œuvre, sa vie et sa vision de l'espace architectural, elle appréhende « l'anatomie de l'espace », comme en témoignent ses deux *Compositions* de 1936 (Guggenheim Museum de New York et Fundação Árpád Szenes – Vieira da Silva de Lisbonne). Jusque dans les compositions de l'artiste sur d'autres lieux que l'atelier (*L'entrée du château*, *La gare Saint-Lazare*, *Carnaval de Rio*), notre regard se perd à l'infini entre l'abstraction et l'anatomie de l'espace. Le spectateur ne peut qu'être happé par la puissance des formes que prend la géométrie de l'espace dans ces œuvres. Tout y est danse des lignes et des points… jusqu'à ces danses macabres que sont ses *Désastres* de la guerre, où la terreur est celle des foules saisies par la mort et non plus celle de personnes torturées, comme chez Francisco de Goya.

C'est l'inscription dans l'espace des choses et des êtres que cherchait à saisir l'artiste dans ses toiles. Chacun est saisi par la puissance géométrique de l'artiste pour qui abstraction et figuration étaient la même chose dans leur rapport fondamental à l'espace. Inspirée par l'architecture, Vieira da Silva était une poétesse des losanges, des espaces infinis, des lignes qui s'entrecroisent, des perspectives insaisissables et des espaces qui s'éloignent. *L'hommage à Kafka ou L'entrée du château*, présenté à Bilbao, en est l'un des témoignages, ainsi que ses toiles *La ville nocturne*, *Paris la nuit*, l'impressionnante *Chapelle gothique* (Kunstmuseum, Bâle) ou la série *Composition*, qui peut évoquer le réfectoire de Le Corbusier au couvent des Dominicains de La Tourette, conçu en harmonie avec Iannis Xenakis qui donna sa forme de piano à la chapelle.

Le vrai regardeur de ses œuvres est vite fasciné par les diagonales, polyèdres, polygones, échiquiers de toutes sortes, que Vieira da Silva met en peinture comme les compositeurs mettent en musique les bruissements de la nature, les chants des oiseaux, le murmure des cascades.

Vieira da Silva nous communique son chant de la diagonale, de la géométrie planétaire, de l'architecture, comme celui de la *Fête vénitienne*, d'Aix-en-Provence, ou de *L'aire du vent*… Flavia Frigeri a voulu que la dernière salle présente *Le silence* (collection de la Ville de Grenoble), dont les lignes se perdent dans la neige et les sommets enneigés dont elles semblent provenir.

Se dégage aussi de l'œuvre de Vieira da Silva un hymne à l'amour : « Tout cela est très mystérieux. Notre vie a été merveilleuse. Tout le monde est surpris ! Deux peintres qui s'aiment et qui ont passé leur vie ensemble », disait-elle de sa vie avec Árpád Szenes.

■ Michaël de Saint Cheron

Mektoub my love : Canto due

d'**Abdellatif Kechiche**, film français (2 h 14) avec Ophélie Bau, Shaïn Boumedine, Hafsia Herzi, André Jacobs, Salim Kechiouche, Dany Martial, Jessica Pennington…
• Sortie le 3 décembre

■ Filmer les bouches goulues, les fourchettes débordantes de spaghettis et les copieux plats de couscous fait partie de l'ADN stylistique d'Abdellatif Kechiche. Les scènes de nourriture ayant souvent servi de préambule érotique dans ses précédents films, elles métaphorisent la voracité du monde dans le somptueux, et très attendu, dernier opus de *Mektoub my love*.

Après les échos tonitruants de la discothèque de *Mektoub my love : Intermezzo* (jamais sorti en salle, mais férocement décrié à Cannes en 2018), ce troisième volet se déroule dans la retenue – aucune fesse, moins de seins, des visages avant tout à l'écran. Il laisse une durable impression de suspend : ni les amours, ni l'avenir d'Amin ne s'y dessinent précisément. L'enjeu n'est plus seulement de raconter l'éveil artistique et érotique d'Amin (Shaïn Boumedine) comme dans le premier volet de *Mektoub my love*, où tout était une question de regard pour l'apprenti photographe et scénariste, double autofictif de Kechiche. Celui-ci se retrouve à un moment décisif où se noue sa destinée, le fameux *mektoub* : le rêve d'être cinéaste semble se concrétiser lorsqu'un producteur et sa femme Jessica (Jessica Pennington), une starlette américaine de la télévision, débarquent dans le restaurant familial. En échange d'un couscous, malgré la fermeture du restaurant, le producteur accepte de lire un scénario d'Amin, puis souhaite le produire. Dès cette séquence inaugurale, la jeune actrice américaine devient le cœur du spectacle. Figure monstrueuse de dévoration qui engouffre à n'en plus finir le couscous au poisson et les verres de whisky, elle incarne l'avidité de la société contemporaine. Elle sert d'abord de miroir à celle de son propre milieu, à la cupidité de son mari producteur qui propose de trahir la fin du scénario afin d'en tirer une suite. Blessé par les remous juridiques autour de *La vie d'Adèle* (2013) puis par le rejet unanime d'*Intermezzo* à Cannes (sachant que les trois volets de *Mektoub* ont été tournés en même temps, mais que le montage du troisième s'est déroulé après le scandale cannois), le cinéaste porte en effet un point de vue désenchanté et satirique sur l'industrie du cinéma. Dans une séquence de confession, point d'orgue du film, la starlette se métamorphose en pythie lucide sur le milieu, où la définition du métier de réalisateur se confond avec celui de prédateur. Toute la séquence devient mythologique, la jeune femme prophétisant à Amin son avenir de cinéaste dans un décor cosmique partagé entre la mer immense et le blanc éclatant d'une terrasse brûlée de soleil.

La trajectoire existentielle du jeune homme, hésitant entre la posture d'observateur et la possibilité de nouer un vrai lien avec le couple, s'élève elle-même à la hauteur des mythes. Tout y annonce l'adieu au vert paradis des amours enfantines et peut-être la chute d'un nouvel Icare broyé par un système avide. Comme pour les héros du cinéma d'Éric Rohmer, le protagoniste est en proie à une hésitation morale qui se lit à même l'espace, à travers sa circulation entre le microcosme paisible et digne de sa famille et la villa du couple hollywoodien. Le restaurant, la villa et un hôpital deviennent un théâtre partagé entre le centre d'une scène grotesque occupé par le couple et ses coulisses réservées à leur observation fascinée et inquiète. Le dilemme se traduit encore en termes esthétiques, jusque dans l'éclairage des corps : à la chair blanche et grasse de Jessica, filmée sous un éclairage cru, s'opposent les silhouettes des cousines et amies d'Amin nimbées telles des icônes par la lumière magique du crépuscule. Dans ces scènes solaires consacrées au marivaudage et à l'hésitation amoureuse s'annonce déjà la marche dévoratrice du monde, la fin de l'innocence : Ophélie (Ophélie Bau), une des amoureuses platoniques d'Amin, ne s'occupe plus d'accoucher les agneaux comme dans le *Canto uno*. La géante aux bras puissants les balance par dizaines à la décharge publique, morts de la gale.

■ Juliette Goffart

L'agent secret

de **Kleber Mendonça Filho**, film brésilien (2 h 40), avec Maria Fernanda Cândido, Gabriel Leone, Laura Lufési, Wagner Moura… • Sortie le 17 décembre

■ Fausses pistes. Un cadavre qui pourrit au soleil sur les premiers plans et une jambe arrachée par un requin qui finit par marcher toute seule entraînent *L'agent secret* vers le film noir et la farce surréaliste. Mais Kleber Mendonça Filho fait seulement mine d'emprunter ces deux directions. L'agent du titre n'est pas un espion chargé d'enquêter sur l'une ou l'autre de ces affaires. L'affaire, c'est lui : Marcelo (Wagner Moura), la quarantaine, bien de sa personne. Le cadavre et la jambe servent de jalons, signalant que lui n'a rien à voir dans tout cela et presque, qu'il n'a rien à faire là. Dans ce faux film d'espionnage, les policiers, patibulaires, violents et véreux, le disputent aux mercenaires. C'est avec eux tous, bras armés d'industriels sanguinaires, que Kleber Mendonça Filho règle des comptes. La lecture des événements n'est pas évidente, mais ce qui saute aux yeux d'emblée, ce sont ces deux clins d'œil au cinéma de genre. Quoi qu'il advienne de Marcelo (il trouvera refuge dans un cinéma de quartier où travaille son beau-père projectionniste et où son fils verra *Les dents de la mer*), *L'agent secret* tente de l'extirper de toute histoire de violence et de corruption.

Affichant l'air faussement décontracté d'un voyageur arrivant à Recife en 1977, à bord d'une coccinelle jaune, Marcelo est un homme en fuite. Poursuivi par la mort de sa femme, des cauchemars et bientôt des tueurs à gage, il cherche à récupérer la carte d'identité de sa mère disparue et son petit garçon confié à ses grands-parents maternels. De la dictature militaire à l'œuvre au Brésil, le cinéaste ne montre rien, préférant suggérer la pression constante en rapprochant Marcelo d'autres menacés de mort. Dans la maison d'hôtes où tous se cachent, et qui n'est pas sans rappeler les appartements de l'*Aquarius* (2016), un des précédents films du cinéaste, le mot d'ordre est le silence. Seule la vieille patronne des lieux sait. Ce personnage pittoresque de protectrice anarchiste âgée inaugure la dimension romanesque du film. Et si l'espionne, c'était elle ? Ou Elza (Maria Fernanda Cândido), la cinquantaine, mandatée par une mystérieuse femme puissante pour protéger des citoyens en danger ? Ou Flavia (Laura Lufési), historienne, chargée une trentaine d'années plus tard d'écouter les auditions de Marcelo avec Elza ? Ces trois femmes ont partie liée avec Marcelo. Ce qui a poussé cet universitaire à partir en cavale ne parvient à l'écran que par bribes, à travers des *flash-back* et les audios qu'écoute Flavia. Par l'intermédiaire d'un vieux magnétophone, les époques se répondent et les pièces du puzzle se rassemblent. Héritière de l'histoire, Flavia se sent dépositaire de la mémoire de cet homme et de cette période.

Pour signifier sa brutalité, Kleber Mendonça Filho n'hésite devant aucune représentation de cicatrice et de plaie, rappelant qu'un corps frappé saigne, salit, attire les mouches et les chiens. Les êtres sont vulnérables et mortels, mais pas les histoires. Marcelo s'échappe finalement, non du film mais du cadre, car il réapparaît dans le journal, acteur d'un fait divers, à jamais personnage de fiction.

■ Ingrid Merckx

Vie privée

de **Rebecca Zlotowski**, film français (1 h 45), avec Mathieu Amalric, Daniel Auteuil, Luàna Bajrami, Virginie Efira, Jodie Foster, Vincent Lacoste… • En salles

■ C'est sur *Psycho Killer* des Talking Heads (où on entend ce *mantra* répété à plusieurs reprises, « Qu'est-ce que c'est ? », entre autres phrases empruntées à la langue de Molière) que s'ouvre *Vie privée*. Cette chanson rock donne des indices sur le ton qu'emploiera Rebecca Zlotowski pour narrer les mésaventures de sa protagoniste, une Américaine qui vit depuis longtemps à Paris et virevolte du français à l'anglais au gré de ses émotions fluctuantes. Ce jeu de détours linguistiques annonce que la réalisatrice prendra un malin plaisir à déjouer les attentes du spectateur.

Alors qu'elle excellait jusque-là dans le drame psychologique sans concession, elle risque un pas de côté vers le cocasse. C'est dans ce renversement de genre que réside la singularité première de cet exercice de style ludique qui n'est pas sans rappeler le cinéma de Jean-Paul Rappeneau pour l'énergie tourbillonnante et de Pierre Salvadori pour l'art des répliques à double sens. Alors que la découverte d'une envie de maternité par Rachel

(Virginie Efira) dans *Les enfants des autres* (2022) et la rencontre de Naïma (Mina Farid) avec la bourgeoisie culturelle dans *Une fille facile* (2019) s'effectuaient dans la douleur, la révolution identitaire de Lilian Steiner est bien plus facétieuse, même si le contexte reste dramatique. Elle est incarnée avec un art inattendu de la dérision par Jodie Foster qui connaît bien les *psycho-killers*, elle qui a affronté Hannibal Lecter dans *Le silence des agneaux* de Jonathan Demme en 1991. Psychiatre renommée, son personnage n'a qu'un intérêt mesuré pour ce que lui confient ses patients. Tout est bouleversé lorsqu'elle apprend que l'une d'entre eux, Paula Cohen-Solal (Virginie Efira), se serait suicidée. Elle décide de mener une enquête sur cette mort suspecte. Cette piste de l'assassinat relève de la planche de sauvetage inconsciente pour se dédouaner d'une faute éventuelle dans l'exercice de sa mission de thérapeute. Elle s'étonne de pleurer après sa visite chez une improbable hypnothérapeute, mais ce ne sera que la première étape vers la guérison de l'insensibilité dont elle fait preuve au quotidien.

Jusqu'alors engoncée dans ses certitudes, Lilian réapprend à écouter l'autre, d'abord celle qui a perdu la vie en se repassant les enregistrements de leurs séances mais aussi son fils avec qui le dialogue était quasiment inexistant. Son cheminement au fil du récit est moins de trouver le responsable d'un homicide que d'être enfin présente quand on lui parle. Le métier de son ex-mari Gabriel Haddad (Daniel Auteuil, qui nous rappelle ici avec brio qu'il a d'abord excellé dans la comédie pure à ses débuts) a un sens symbolique évident : en tant qu'ophtalmologue, il va littéralement l'aider à ouvrir les yeux. Leur complicité n'est pas le seul point commun avec *Meurtre mystérieux à Manhattan* (1993), une fantaisie policière de et avec Woody Allen qui campait un détective improvisé faisant équipe avec son ancienne moitié, jouée par la regrettée Diane Keaton. Il était alors déjà question de savoir si un meurtre avait bien été commis ou si les soupçons relevaient du fantasme. En s'inscrivant dans les pas de cet illustre prédécesseur, Rebecca Zlotowski nous laisse entrevoir son propre bouleversement intime, celui d'une envie d'amuser qui lui permet de renouveler son cinéma.

■ Pascal Le Duff

A House of Dynamite

de **Kathryn Bigelow**, film américain (1 h 52), avec Gbenga Akinnagbe, Gabriel Basso, Malachi Beasley, Jason Clarke, Idris Elba, Rebecca Ferguson, Jared Harris, Moses Ingram, Greta Lee, Tracy Letts, Anthony Ramos… • Sur Netflix

■ Le film est né d'un sentiment de vulnérabilité, celui de la cinéaste Kathryn Bigelow lorsqu'elle prend conscience que, sur les neuf pays à disposer de l'arme nucléaire, seuls trois font partie de l'OTAN. Cette insécurité submerge chaque plan de *A House of Dynamite*, laissant le spectateur à bout de souffle. Avec sa précision habituelle, ce regard clinique sur la violence intrinsèque américaine qu'on lui connaît depuis *Démineurs* (2008), *Zero Dark Thirty* (2012) et surtout l'implacable *Detroit* (2017), la réalisatrice décortique les dix-huit minutes qui suffiraient à détruire le monde. Dix-huit minutes filmées quasiment en temps réel, qui se répètent trois fois, le temps d'examiner ces secondes faites de sidération et d'impuissance tandis que trois échelles hiérarchiques se confrontent à l'impensable. En quelques plans et quelques répliques, Bigelow expose la fragilité de ses nombreux personnages qui, de la cellule dédiée à la sécurité nationale dans les sous-sols de la Maison blanche, puis de l'unité en charge des armes nucléaires de la Défense jusqu'au président des États-Unis, voient les minutes qui les séparent de l'annihilation défiler à une allure affolante. D'une main de maître, la cinéaste réemploie des tactiques chevronnées du cinéma américain, prenant soin de préciser la situation personnelle de chacun. Entre joie et bonheurs simples, contrariétés ou drames personnels, défilent des vies bien pleines et bien ordinaires, tissant entre le spectateur et ces inconnus qui entament machinalement leur nouvelle journée de travail un lien empathique assez classique.

Mais qu'on ne s'y trompe pas, Bigelow ne cherche ni l'attachement patriotique, ni le suspense tapageur. Il ne s'agit ici ni d'un film d'action, ni d'un film de guerre mais bien d'un film d'apocalypse, dont l'atmosphère claustrophobe balaye rapidement toute possibilité d'échappatoire. C'est avant tout le spectateur que Bigelow souhaite rendre vulnérable en présentant factuellement ces dix-huit minutes d'épouvante, les coulisses de ce que nous, citoyens ordinaires, ne serions pas en mesure de voir si telle catastrophe venait à se produire. À l'instar de *Civil War* (2024) d'Alex Garland, la mise en scène haletante de Bigelow, rythmée par une bande-son anxiogène qui résonne comme une marche funèbre, cache un discours politique puissant sur ce que l'état du monde actuel pourrait autoriser. Car derrière son Président de fiction qui tente malgré tout de réfléchir et d'agir de la façon la plus éclairée possible, on ne peut oublier la silhouette qui habite aujourd'hui les murs de la présidence américaine. Et lorsque la cinéaste place l'un de ses personnages au beau milieu d'une reconstitution de la bataille de Gettysburg, la plus sanglante de l'histoire américaine, l'image est loin d'être anodine. C'est le culte de la guerre qu'on commémore, la sécession d'un pays qu'on glorifie. La bataille a toujours été là, nous dit Bigelow, et la folie qui semble s'être emparée du monde, comme l'assène l'un de ses personnages, est désormais notre réalité.

Elsa Colombani

La faute à Montesquieu ?

Bernard Manin, *« Un voile sur la liberté », La Révolution française du libéralisme à la Terreur*, préface de Biancamaria Fontana, Hermann, « L'avocat du diable », 2025, 292 pages, 23,70 €.

Emprunté à *L'esprit des lois* (XII, 19), le titre du recueil posthume d'articles, écrits par Bernard Manin entre 1979 et le début des années 1990, donne le ton à tout l'ouvrage. Consacré au problème lancinant du « dérapage » qui conduisit de la « Déclaration des droits de l'homme et du citoyen » au régime de la Terreur, ce livre soutient la thèse suivante contre la vulgate : la Terreur n'est pas imputable à Jean-Jacques Rousseau, elle s'inscrit dans une pente libérale.

Manin prend ainsi position, avec la connaissance des textes et la finesse de lecture qu'on lui connaît, contre la lecture avancée dans le *Dictionnaire critique de la Révolution française* par Marcel Gauchet, Mona Ozouf ou Keith Michael Baker. Il refuse de voir dans la guillotine le symbole effroyable du légicentrisme abstrait fondé sur la seule volonté générale prétendument hérité du *Contrat social*. Tout son effort consiste à laver Rousseau de cette accusation en marquant toutes les différences qui séparent, et même opposeraient, la pratique et la pensée des Révolutionnaires, montagnards compris, des principes d'un penseur politique qui fut toujours le grand adversaire de la représentation.

Selon lui, donc, la Révolution n'avait pas besoin du Genevois pour révérer la loi ; elle n'a jamais recouru au mandat impératif auquel il tenait ; elle n'a pas reculé devant l'insurrection qu'il rejetait ; elle n'a pas condamné le commerce et le luxe autant que lui. Bref, la Terreur n'a pas eu lieu par « la faute à Rousseau », d'autant que le « peuple » de Rousseau n'est pas défini par opposition aux ordres de l'Ancien Régime, mais contre les riches.

À tout prendre, et c'est l'originalité du livre, c'est du côté de Montesquieu qu'il faudrait chercher l'essentiel des idées communes à la génération de 1789. Montesquieu a fourni les idées de vertu égalitaire, d'application stricte de la loi par une justice républicaine. Dignes héritiers de Montesquieu, les révolutionnaires concevaient bien la loi comme un rempart contre l'arbitraire, tenaient à la séparation du législatif et de l'exécutif et reconnurent que la mise en suspens des lois faisait offense aux droits qu'ils avaient eux-mêmes consacrés.

La faute à Montesquieu ? Manin ne peut aller jusque-là. Il sait bien qu'avec l'échec des monarchiens, qui quittent la scène en 1791, c'est la pensée constitutionnelle de Montesquieu dans sa totalité cohérente qui fut rejetée. Ses études subtiles autorisent donc une autre lecture. Malgré qu'il en ait, peut-être, Manin est contraint d'admettre que l'esprit d'une révolution ne réside pas dans la seule application de ces principes constitutionnels qui furent l'objet principal de ses recherches.

Car Rousseau apparaît bien comme une figure tutélaire majeure de ce temps : le mythe de l'égalité, déjà démocratique, le rejet de l'Histoire au nom de la raison, l'invocation perpétuelle d'un peuple toujours bon, la condamnation des « factions » ou des intérêts divergents, le rejet de tout écran placé entre le peuple et les gouvernants, la vente des biens nationaux en petits lots pour favoriser la modicité des propriétés, tout cela montre quel « magistère d'opinion » exerça Rousseau sur la Révolution. En ce sens, qu'il le veuille ou non, Hegel (que Manin cite mais ne veut pas commenter), Constant, les « idéologues » ou les auteurs du *Dictionnaire critique de la Révolution française* de Mona Ozouf et François Furet ne s'étaient pas grossièrement mépris sur l'essentiel.

À l'inverse, le « dérapage » de la Révolution se trouve bien éclairé par *L'esprit des lois*. Sans doute libéraux dans leurs aspirations, les révolutionnaires, de 1789 à 1793, s'écartent bel et bien des conditions effectives de la liberté, politiques ou sociales, telles que les avait cernées Montesquieu. En séparant plutôt qu'en distribuant les pouvoirs au point de consacrer une dictature parlementaire au nom du Salut public (« loi suprême »), en rejetant le bicamérisme parce qu'ils ne pouvaient voir dans le sénat autre chose qu'un retour aux privilèges, en concentrant la souveraineté comme l'avait fait avant eux la monarchie absolue, incapables enfin de voir qu'un peuple indifférencié n'existe pas, ils confirmèrent les craintes de Montesquieu sur sa propre nation.

Aux yeux de Manin, surtout, le « dérapage » de la Terreur s'explique par une logique d'exception, d'épuration et même de guerre civile, qu'il analyse magistralement. De Sieyès, dès le début de la Révolution, jusqu'à Saint-Just, c'est en effet « le schème de l'ennemi » qui s'avéra moteur. L'abolition des privilèges ne suffit pas longtemps, ce sont les privilégiés que l'on voulut exterminer. Sous ce point de vue, bien avant la loi des suspects, l'année 1791, la « constitution civile du clergé » et les mesures prises pour le retour des « émigrés » sont le véritable tournant vers « le dérapage », après quoi, la logique de la Terreur s'accélère : le cercle des ennemis s'élargit indéfiniment.

Or, comme le voit Manin, la Terreur ne suspend pas le parlementarisme, elle en sort, comme le Comité de salut public sort de la Convention. Le régime se fonde désormais sur l'exclusion et il préfigure même la logique du parti unique. Le « peuple » ne se définit plus autrement que négativement et par cette exclusion souvent mortelle qui confie à un tout petit nombre le droit de définir l'ennemi. Par là, et ce faisant, une faction terroriste justifie son propre pouvoir, de « salut public », extraordinaire moyen de tenir en respect le peuple réel aussi bien que la Convention, du moins jusqu'à Thermidor.

Bernard Manin, que l'on peut regretter sans rhétorique, noue dans ces quatre études trois fils majeurs de son œuvre : la question du régime représentatif, le problème de l'état d'exception et la figure de Montesquieu – le Montesquieu du livre XI, surtout – qui continue de hanter les annales de ses compatriotes comme « un sphinx incompris ».

■ Guillaume Barrera

Témoigner de la souffrance des civils

Robert Pike, *Oradour s'est tu, le destin tragique d'un village français, 10 juin 1944*, traduit de l'anglais (Grande-Bretagne) par Julie Primon, Flammarion, « Au fil de l'histoire », 2024, 496 pages, 22,90 €.

Amir Tibon, *Les portes de Gaza*, traduit de l'anglais (Israël) par Colin Reingewirtz, Christian Bourgeois éditeur, 2024, 480 pages, 24 €.

Lee Yaron, *07 octobre*, traduit de l'anglais (Israël) par Colin Reingewirtz et Laurent Trèves, postface de Joshua Cohen, Grasset, 2024, 368 pages, 23 €.

Comment rendre compte des atrocités vécues par des civils, victimes de crimes de guerre, d'actes terroristes, de crimes contre l'humanité ? Comment témoigner de la vie de ces civils avant le drame qui les emporta en l'espace d'une journée, eux qui, la veille, continuaient à mener une vie ordinaire ? Avec le souci commun de leur rendre un nom et un visage, trois ouvrages parus en 2024 relatent deux journées terribles : le 10 juin 1944 à Oradour-sur-Glane et le 7 octobre 2023 sur le territoire que les Israéliens appellent *'Otef 'Aza*, « l'enveloppe de Gaza ».

Bien que ces deux événements soient de nature différente (le premier mené par une armée d'occupation, le second par les combattants et alliés d'une organisation reconnue comme terroriste), ils ont comme point commun d'être advenus en un temps court et dans l'espace intime de civils, d'avoir fauché leur vie sans autre motif que de terroriser.

L'historien britannique Robert Pike, spécialiste de la France en guerre, propose un essai magistralement documenté sur le drame d'Oradour-sur-Glane. L'auteur nous plonge tout d'abord dans l'histoire et l'univers de la bourgade limousine avant-guerre, nous invitant à faire la connaissance des habitants, de leur mode de vie, de leurs métiers, de leurs loisirs. Des récits très documentés illustrés de nombreuses photographies invitent le lecteur à partager le quotidien des habitants du bourg, rejoints à la fin des années 1930 par des réfugiés espagnols, des déplacés alsaciens, des Mosellans expulsés par les nazis ou des Juifs fuyant les persécutions. Tous ces récits de vie, que ce soient ceux d'assassinés, de rescapés ou de témoins vivant dans des fermes alentour, dressent le tableau dans lequel s'est déroulé le crime, lequel est détaillé dans sa préparation et sa mise en œuvre. Puis l'auteur continue son enquête sur l'après-Oradour, la découverte des charniers, les rumeurs, la censure, la controverse sur les « Malgré-nous » et, bien sûr, la place d'Oradour-sur-Glane dans l'historiographie de la France d'après-guerre. Un remarquable travail d'historien qui se lit comme un roman.

L'enquête menée sur le 7-Octobre, « la journée la plus meurtrière de l'histoire d'Israël », par Lee Yaron, journaliste au quotidien israélien *Haaretz*, est constituée d'entretiens et de transcriptions de messages et d'appels de ceux qui ont vécu ce « *shabbat* noir ». Par leurs témoignages, de multiples protagonistes – Juifs de la région ou jeunes venus danser à la *rave* « *Tribe of Nova* », Bédouins, ouvriers agricoles thaïlandais et népalais, aide à domicile indienne, mais également membre d'un bataillon du Hamas interrogé par l'armée israélienne – permettent d'appréhender les multiples facettes de cette journée d'effroi, jusqu'à la prise en charge des morts et des survivants. La mise en perspective de l'événement dans la vie des témoins met en relief l'irruption soudaine et la violence extrême de l'attaque terroriste. Cet ouvrage, comme le note l'auteur de la postface, fait référence à une tradition juive : les *livres de souvenir* qui, depuis le Moyen Âge, font le récit des massacres, pogroms et persécutions dont les Juifs furent victimes. Ainsi, le 7-Octobre témoigne du brusque retour des Israéliens vers la condition fragile qui fut celle des Juifs de la Diaspora, à rebours du projet sioniste de mise à l'abri.

Cette terrible journée, Amir Tibon l'a vécue avec sa femme et ses deux petites filles, enfermés dans la pièce sécurisée de sa maison de Nahal 'Oz. Dans ce témoignage direct, Amir Tibon, correspondant diplomatique du *Haaretz*, alterne le récit détaillé de ces onze heures d'attente avec l'histoire de son *kibboutz*, situé à quelques centaines de mètres de la Bande de Gaza, celle du conflit entre Israël et les Palestiniens, les différentes guerres de Gaza et le contexte politique israélien tendu après les élections de 2022. Ayant réussi à joindre ses parents au début de l'attaque du Hamas, ceux-ci viendront de Tel Aviv pour les sauver. Leur compte rendu ainsi que ceux des membres du *kibboutz* engagés dans les combats avec les terroristes permettent de comprendre ce qui s'est passé à l'extérieur de la pièce sécurisée, quasiment heure par heure, de suivre la destinée de ceux qui furent sauvés, blessés ou tués. Un témoignage essentiel pour comprendre le traumatisme encore vif de la société israélienne.

Pour reprendre les mots de Robert Pike, les grandes qualités et singularités de ces trois ouvrages sont de montrer que « l'histoire tragique [...] est, d'abord et avant tout, une histoire de l'ordre de l'intime pour tous ceux qui l'ont vécue ».

■ Laurent Klein

Héloïse Brézillon

Period².

Préface de Phoebe Hadjimarkos Clarke. Cambourakis, 2025, 128 pages, 16 €.

Soit le temps vu comme une succession de périodes, chacune commençant lorsqu'un humain voit un autre-qu'humain vivant passer devant sa fenêtre. Dans un futur moribond, la vie s'est à ce point raréfiée que le temps ne passe plus « car, s'il n'y a plus de période, il n'y a plus de temps ; s'il n'y a plus de temps, il n'y a plus d'avenir ; et s'il n'y a plus d'avenir, il n'y a rien, niet, nada ». Ce qui importe est le lien : si le lien disparaît, le monde meurt. Il faut accepter de se laisser déplacer par cet objet littéraire non identifié qu'est le recueil d'Héloïse Brézillon, dont le titre est à lui seul une énigme. Il faut tenter l'aventure de ce livre de poésie qui est en même temps un récit d'anticipation. « Poésie science-fictionnelle » extraordinairement intelligente et sensible, dont le langage désarticulé, reconfiguré selon des règles que nous ne percevons qu'imparfaitement, nous ouvre les portes d'un ailleurs bouleversant. L'autrice nous parle d'effondrement et de bétonisation. Elle nous parle d'hybridation et de métamorphose ; elle le fait en hybridant la langue elle-même avec une grande élégance, à la recherche de nouvelles harmonies : « Le dehors a cessé d'être le dehors et le dedans a cessé d'être le dedans, nous ne vivons plus que dedanhors avec nos corps de monstres. » Ce n'est pas le moindre des trésors de cet ouvrage que de donner à voir comment une pensée neuve peut donner naissance à de nouvelles formes textuelles. Nourrie par la réflexion des philosophes du vivant que sont Donna Haraway et Baptiste Morizot, et partant du constat affligé d'une crise profonde de nos sensibilités au monde, l'autrice nous ouvre à la possibilité de le regarder autrement, « et nos regards suffisent ».

Anne Le Maître

Marie Charrel

Nous sommes faits d'orage

Les Léonides, 2025, 400 pages, 21,90 €.

De l'Albanie d'Enver Hoxha (1908-1985), courbée trente ans durant sous le joug d'une dictature véritablement stalinienne, la plupart des lecteurs ne connaissent pas grand-chose. À partir d'un prétexte un peu mince (une jeune femme quitte l'Islande pour l'Albanie où elle a hérité d'une maison, que sa mère lui a léguée en même temps que l'énigmatique injonction à retrouver une certaine Élora), Marie Charrel tisse un beau roman. Haletant, semé de poésie, où s'entremêlent la quête des origines et l'évocation de ce traumatisme absolu : la collectivisation imposée par un régime totalitaire à un village de montagne, si pauvre qu'il n'avait pas même un nom. Dans ces lieux longtemps tenus à l'écart des soubresauts du monde, les vieilles légendes sont encore vivantes et la vie de la communauté régie par les lois du sang. Une vie jusqu'à extinction de la dette. Avec cette histoire d'amour et de vengeance, l'autrice fait la part belle aux figures légendaires – la Kulshedra maléfique, le drangue protecteur – et aux forces de la nature. Tandis que les hommes du régime s'abattent sur le village, que la communauté se déchire, que les bergers poussent leurs moutons vers les hauteurs et qu'un résistant anonyme peint en lettres capitales des poèmes à même le flanc des montagnes, Élora la rebelle, doublement broyée par les exigences moyenâgeuses d'une tradition où la femme ne compte pour rien et les aberrations d'un régime paranoïaque, cherche un chemin de liberté et d'émancipation.

■ Anne Le Maître

Matthieu Niango

Le fardeau

Mialet-Barrault éditeur,
2025, 398 pages, 22 €.

■ Matthieu Niango est normalien et agrégé de philosophie, selon un parcours très français. Il est né d'une mère lorraine et d'un père ivoirien, un métissage pas si rare en notre pays ouvert au reste du monde. Mais, durant ses études, coup de théâtre, il apprend que ses affectueux grands-parents lorrains n'étaient pas les parents de sa mère, qu'ils l'avaient adoptée. Ce livre est le récit d'une enquête qui dura une vingtaine d'années et le mena de surprises en surprises. Ses grands-parents avaient adopté une petite fille, qui avait grandi dans un *Lebensborn*, ces maternités organisées par Heinrich Himmler pour assurer l'avenir de la race aryenne et de la SS, en concevant et élevant des enfants conformes aux critères nazis. Petit à petit, de rencontres en rebondissements, Niango reconstitue cette part ignorée de sa généalogie. Il identifie ses deux grands-parents biologiques, dont on ne dira rien ici, pour ne pas gâcher le plaisir de lecture pris à ce minutieux polar, où tout est vrai. Et cet homme très français que l'on identifie hâtivement comme afrodescendant, se révèle (à lui comme au lecteur) être un concentré vertigineux de l'histoire européenne du XXe siècle, qu'il raconte avec vivacité, et la touchante émotion d'un homme découvrant un secret de famille aux dimensions continentales. Hommage vibrant à son entourage, ce livre offre une réflexion fluide sur la question de l'identité.

■ Alexis Jenni

Gilles Ortlieb

Le sel, la dame et l'éponge

Le Bruit du temps,
2024, 96 pages, 13 €.

■ À travers ce triptyque, le prosateur, poète, essayiste et traducteur (notamment du grec) nous emmène sur les traces des pêcheurs d'éponge de l'île de Kalymnos. Une photo de chambre d'hôtel ouvre le premier volet : Ortlieb relate un week-end de Pâques « dans les salins » en Camargue où, après la Première Guerre mondiale, à la suite d'une maladie qui ravagea les éponges, les pêcheurs de Kalymnos vinrent tenter leur chance ; entre un Vendredi saint vécu dans une poudrière convertie en chapelle orthodoxe, la visite du cimetière, le journal du coin, les noms des rues, les conversations avec les Grecs locaux, le visiteur raconte l'origine et la fin des salins. Amorcé par une reproduction de la statue de la Dame de Kalymnos, le volet central explore, sous le paradis touristique des « sacs en plastique » et des magasins « *made in China* », ce qu'est devenue l'île grecque. Le récit aboutit à Pâques, en Floride, entre « retraités ventripotents », « pick-up monstrueux » et « camions rutilants affichant des commandements bibliques » : à Tarpon Springs, les pêcheurs grecs convertissent leur caïque en bateau à touristes et leur « taverne *Dionysos* » en *sushi shop*. L'odyssée de la pêche miraculeuse à l'éponge se termine par une méditation sur la finitude. Cette épopée paradoxale et historique, dont le discernement mine l'enthousiasme, est une fable sur le « sel » de la vie, les vraies valeurs, « la dame » et « l'éponge » ! Empruntée au tragique d'Eschyle, l'épigraphe nous avait prévenus : « Le bonheur est comme une ombre, d'un coup d'éponge humide, le malheur en efface le dessin. »

■ Yves Leclair

François Cheng

Une nuit au cap de la Chèvre

Albin Michel, 2025,
80 pages, 12,90 €.

■ Il y a comme une urgence, dans le récit de ce court séjour en Bretagne, qui trouve son expression dans une méditation nocturne. Abrité pour un temps sur la presqu'île de Crozon, au cap de la Chèvre, François Cheng se laisse traverser la nuit par une fulgurance mystérieusement déjà familière. Quelle force insatiable convoque un poète presque centenaire à mettre de nouveau en forme un réel mille fois approché ? Pour cet homme dont « la route a été longue » depuis l'Extrême-Orient, la presqu'île, presque le point le plus occidental du continent européen, ne manque ni de signification, ni de puissance symbolique. La métaphore de son parcours s'y dessine : au bord de l'océan, l'Occident retrouve l'Orient. Le lecteur familier retrouvera ici des thèmes mûris tout au long de son œuvre. Mais le poète doit aller plus loin. Il doit redire l'intuition ancienne et sans cesse nouvelle, de la Vie et de la Mort qui se rejoignent, elles aussi. Les pensées côtoient, au fil des pages, les souvenirs et les poèmes jaillis au cœur de l'enchantement nocturne. Comme le marin, inexorablement attiré vers la mer, Cheng écoute et offre une réponse au secret de la nuit. Le silence infini du Cosmos communie à la vie discrète du monde. La « Voie ouverte », tant cherchée par le poète, existe réellement, au bord de cette pointe : les mots sous sa plume palpitent dans la nécessité de joindre encore le visible et l'invisible, unis à l'horizon. Il est très beau de voir s'écrire ainsi l'humble testament d'un si grand poète, héritier privilégié d'Orphée et du Tao. Son chant est pur et brut, l'inaccessible rive s'y esquisse, dans des accents d'une gratitude profonde et d'un consentement prophétique au mystère de la vie.

■ Claire de Basquiat

Roger Munier

La voix de l'érable

Opus incertum VII. Mars 1995 – septembre 1997. Édition intégrale établie par Jacques Munier et Gérard Pfister. Arfuyen, « Les Cahiers d'Arfuyen », 2025, 320 pages, 22 €.

■ Roger Munier (1923-2010) est l'auteur d'une œuvre hors normes, aux confins de la poésie, de la philosophie et des grandes traditions spirituelles. Rompant nos habitudes de penser, transgressant nos clôtures mentales, sa « dé-marche » fut commencée dans la Compagnie de Jésus (de 1944 à 1953) et par sa rencontre avec Martin Heidegger dès 1949, dont il traduisit la *Lettre sur l'humanisme* (Cahiers du Sud, 1953). Installé au pied des Vosges en 1973, ce penseur de la « grâce mortelle » fut proche des poètes de son temps (Celan, Char, Réda, Jourdan, Juarroz, etc.), l'ami des peintres de l'apparition (Assar, Esteban, Hollan, Dubrunquez, etc.). Traducteur de Paz, Porchia, Juarroz, Kleist, Silesius, ainsi que des *haïkus* de l'anthologie de Blyth, l'ami de Cioran et de Masui dirigea la collection des « Documents spirituels » chez Fayard. *La voix de l'érable* est le septième tome de son *Opus incertum* : ce grand œuvre, construit de notes et d'aphorismes, est une suite de pensées graves et fulgurantes où le « moi » disparaît dans l'« anéantissement bienheureux » de l'inconnu paradis dont il tente l'approche. Concis, élégant, ce grand méditant de la finitude, dans la continuation de la voie apophatique chrétienne, pointe l'être dans son néant, explore l'Un dans le multiple, s'interroge sur l'absurde, le Rien et Dieu. Tombées d'exercices spirituels quotidiens, ces « feuilles » ajourées se ruminent lentement et nous éclairent durablement comme le faisceau d'un phare tournant dans notre nuit : « Le fond, ce sont les larmes. Tout y vient : la joie, la douleur, la mélancolie, l'extase. »

■ Yves Leclair

Philippe Mathy

Le long des rives

Notes de Pouilly-sur-Loire. Avec des peintures de Cécile A. Holdban. L'Atelier des noyers, « Horizons Panoramas », 2025, 52 pages, 16 €.

■ Si paysage rime avec visage, c'est qu'il existe une relation de *connivence*, solidaire, entre le paysage et le visage : prendre soin de la nature, c'est prendre soin de l'humanité qui l'habite. C'est ce que l'on ressent en contemplant ce carnet oblong où les phrases du poète belge Philippe Mathy dialoguent avec les peintures de paysage de Cécile A. Holdban, artiste, traductrice et poétesse. Depuis des années, Philippe Mathy séjourne régulièrement du côté de Pouilly-sur-Loire (Nièvre). Ce lieu est devenu son château en Espagne. Il ne s'agit pas là de l'un de ces innombrables carnets de voyage touristique, un peu illusoires, mais des notes d'un habitant qui fréquente ces lieux au long cours. Majestueuse et fantasque, sauvage et indolente, grise ou moirée, avec ses méandres et ses lumières sur les saisons, ses gâtines giboyeuses, ses coteaux vineux, ses châteaux, la Loire a de multiples visages, fascinant peintres (Turner), écrivains (Ronsard, du Bellay, Péguy, Genevoix) et musiciens (Dutilleux). Ces pages d'un « promeneur secret » ouvrent de grandes marges de méditation qu'enluminent les couleurs chaudes de Cécile A. Holdban. Un profond sentiment de paix s'en dégage, loin du bruit du monde. En toute simplicité et douceur, comme coule l'encre, du pinceau ou du stylo. Il aura suffi d'un humble *pied-à-terre* « sans téléphone, sans Internet, sans même une porte sur la rue, avec pour seule entrée un porche défraîchi » pour rendre un bout de ce monde habitable. Vivent les civilisations qui ont une peinture de paysage !

■ Yves Leclair

Khosraw Mani

Rattraper l'horizon

Actes Sud, 2025, 224 pages, 21 €.

■ Après deux romans aux allures de contes poétiques rédigés dans sa langue natale (*cf. Études*, n° 4256, janvier 2019), Khosraw Mani se convertit au français pour un livre plus complexe, perclus de tiraillements mais toujours porteur d'évocations kabouliotes inattendues. Un jeune villageois à l'ascendance incertaine, corseté par les codes sociaux de la campagne afghane, voit peu à peu son horizon s'élargir à travers les interstices de ce contrôle, jusqu'à rejoindre la capitale dans un périlleux périple. La rupture est franche, sans voie de retour. Se joue alors une initiation somme toute classique, façonnée par la quête de l'excès, de l'immédiateté, et la crainte d'être happé par son passé. Quelques figures jalonnent ce récit autant qu'elles en constituent le héros par sédimentation : un ami d'enfance assassiné, une belle-mère peu ou prou du même âge que lui, un travailleur de la mine locale, un colocataire dévot et deux compagnons oisifs. Le fil qui les relie est fait d'audace, d'amitié et d'ivresses, de violence ou de traîtrise aussi. Les points de vue sont parfois, comme dans ses premiers livres, brouillés et entremêlés par une narration non dénuée d'humour. Les odeurs et les sons de la capitale afghane, ses rythmes et ses rites, offrent un décor parfaitement maîtrisé, sans fantasmes, et constituent pour le lecteur occidental un attrait indéniable pour affermir cette aventure qui cherche par moments sa route. Le talent littéraire de Khosraw Mani s'affirme et son usage de la langue française, impressionnant, parvient avec un style désormais ancré à prendre tous les atours du naturel. Par l'entremise de ses mots, on ne se lasse ni de s'immerger en Afghanistan, ni d'en explorer des marges moins évidentes, brutes, qui appellent d'autres livres pour poursuivre la découverte.

■ Victor Loizillon

Jean-François Beauchemin

Mémoires de Mayron Schwartz

Québec Amérique, « Littérature d'Amérique », 2025, 528 pages, 22 €.

■ On entre dans les *Mémoires de Mayron Schwartz* comme on entre en conversation avec un ami de longue date que l'on a plaisir à retrouver. On parle des petites joies du quotidien, parfois des grands drames d'une existence, surtout on prend des nouvelles de ceux qu'on aime et on s'amuse de leurs déboires avec la vie : ici la famille Schwartz, des grands-parents qui ont survécu à la Shoah au jeune Mayron que l'on découvre à tous les âges de la vie, toujours empreint d'une certaine candeur et doté d'une capacité d'émerveillement inépuisable. Jean-François Beauchemin, dans ce nouvel opus, nous apprend à aimer le temps qui passe et à regarder du côté du bonheur en toutes circonstances. Dans une langue qui se veut décalée et poétique, où la métaphore se fait délicieuse, il nous partage les souvenirs imaginaires des Schwartz comme autant de lucioles au bord du sentier, par une belle nuit d'été. Son humour, fin et discret, vient réveiller les zygomatiques du lecteur au détour d'une rencontre impromptue entre le ciel et le pelage du chien Malraux, entre les accrocs au langage du grand-père Solomon et l'intelligence aiguisée de la sœur Rivka. On aime accompagner Mayron dans une balade fantasmagorique au cimetière ou en forêt, et traduire les pensées d'un renard ou de tout autre animal de passage qui se sentirait d'humeur à philosopher. Beauchemin sait peindre les cœurs fragilisés et vient les adoucir d'un baume de résilience et d'amour. On referme le livre comme on laisse partir une âme aimée, un peu esseulé et heureux de ce qui a été vécu.

■ Magali Lugnot

Violaine Bérot

Du côté des vivants

Buchet-Chastel, 2025, 176 pages, 19 €.

■ Dans un petit hôpital de province, chambre 308, Greg ne veut plus se battre contre le cancer. Le vieil Alphonse, dont le cœur bat mal, comprend tout. Autour d'eux, Marie, l'infirmière efficace qui aimerait tant être douce,

Jérôme, le râleur, Didou, la femme de ménage égarée dans son deuil, Lombardo, médecin venu d'Argentine qui bougonne en espagnol et rassure en français. Les amis peinent à comprendre ce qui se joue d'essentiel dans ces chambres sans grâce. Il y a les autres malades et cette jeune femme étrange qui, dans sa tête, a 7 ans. Quelques fantômes aussi… Les chariots grincent, le lino craque. On est loin des grands centres hospitaliers hypermodernes et aseptisés. On se partage une pomme, on fume une clope en douce. Les liens se tissent. On trouve plus de joie que d'âpreté dans ce roman de Violaine Bérot : la joie urgente de la vie nue, la joie rugueuse de ceux qui combattent pied à pied la maladie, le manque de crédits, les sous-effectifs ; la joie essentielle des rencontres vraies, quand la proximité de la mort vous délivre de toute afféterie. Loin de tout idéalisme, elle prend le parti de dénoncer l'inhumanité de notre système de soins en nous donnant à voir, au ras de l'instant, un endroit placé « du côté des vivants », laissant un peu de place à l'inattendu, un lieu où soigner la vie dans toute sa nudité lumineuse. Ici, des humains prennent soin d'autres humains. Ici s'entremêlent la vie quotidienne de ceux dont c'est le lieu de travail et la vie fragile de ceux qui sont au bord de la perdre. « C'est cela que Greg voulait dorénavant, des instants où l'on est heureux d'être ensemble. » Entre les murs décrépis du petit hôpital, le temps d'un rayon de soleil, cela semble encore possible.

■ Anne Le Maitre

Gérard Bocholier

L'accueil du jour

Ad Solem, « Poésie »,
2025, 96 pages, 17 €.

■ *L'accueil du jour* de Gérard Bocholier est traversé par le pressentiment d'une rencontre avec le Visage vers lequel le poète demeure tourné. Sa poésie nous rend sensible l'écoulement des choses, ne se fixant sur aucun paysage, laissant filer les sensations dans le déroulement des vers (sans ponctuation). Certes, on reconnaît au passage les vignes, les bêtes et les granges d'une campagne mais aucun pays n'est nommé ; nous n'entendons que la chanson du voyageur qui les traverse ou se les remémore. Les mots suggèrent une métrique régulière, accueillante à ceux qui se présentent, comme « mer », insolite dans ce décor auvergnat. Nul ancrage dans une symbolique des saisons où l'automne, par exemple, signifierait le déclin. Tout s'écoule, mais en laissant affleurer les indices de celui qui vient, brève irruption de la lumière ultime : un rayon dans les persiennes, des gouttes d'or sur la mer, des graines sur la neige. Ces cadeaux fugitifs suffisent pour redresser la fin du poème, ou quelquefois le poème entier, dans une adresse où le poète reconnaît le donateur et lui parle. Tel est le travail du poète : retenir l'or du temps et rendre grâces, avec la même discrétion que ce Dieu jamais nommé. Parmi les allusions évangéliques, presque imperceptibles, deux scènes reviennent : la Flagellation et le Portement de croix, toujours évoquées par des détails latéraux.

Dans l'attente amoureuse de la rencontre avec son Seigneur, le poète ne marque aucune hâte. Une disposition apparaît dans ce dernier recueil : l'abandon. Ce livre s'ajoute à la trilogie sur les *Psaumes*, confirmant la contribution d'Ad Solem à la constitution d'une bibliothèque de poésie spirituelle.

■ Jean-Pierre Lemaire

SCIENCES

Yann Coello (dir.)

Corps, cerveau et processus mentaux

Les fondements sensori-moteurs de la cognition. Préface d'Alain Berthoz. Dunod, « Univers psy », 2024, 376 pages, 36 €.

■ L'ouvrage intitulé *Corps, cerveau et processus mentaux*, dirigé par Yann Coello, du laboratoire des sciences cognitives et affectives de l'université de Lille, et préfacé par Alain Berthoz de l'Académie des sciences, regroupe quatorze contributions rédigées par plus de cinquante coauteurs. Celles-ci traversent, selon des approches conceptuelles et expérimentales, différents processus cérébraux tels que la mémoire, la perception, la conscience, l'attention, les représentations spatiales, la communication, les émotions, le langage, la cognition numérique, la créativité… Malgré cette diversité de thèmes et d'auteurs, Yann Coello et ses collègues confèrent une certaine unité à l'ensemble, en mettant en évidence les fondements sensori-moteurs des différentes actions ou représentations mentionnées ci-dessus. En effet, l'une des thèses importantes de l'ouvrage, qui prolonge les intuitions de Maurice Merleau-Ponty, Francisco Varela et Jean-Luc Petit, est que la perception d'un objet, sa représentation et les interactions motrices que nous engageons comme sujet avec cet objet sont unifiées. Autrement dit, nos actions ne sont pas le fruit d'une commande donnée par notre cerveau à nos membres, mais sont *coconstruites* à chaque phase de l'interaction. « Notre cerveau ne fait pas une analyse sensorielle puis motrice du monde » : il organise ses représentations en interaction avec les objets, en anticipant, prédisant, pariant, au milieu d'un monde incertain (en ce sens, la motricité précède souvent la perception et la représentation), qui n'est pas d'abord le fruit d'une interaction singulière, mais collective (les cultures nous équipent d'une certaine manière pour envisager les interactions avec notre entourage). Cette remarque vaut également pour la mémoire, processus fondamental dont l'organisation est proche des fonctions qui permettent d'envisager l'avenir. Un résumé proposé en début de chapitre et une liste de points à retenir à la fin font de cet ouvrage un manuel introductif pour les débutants en psychologie expérimentale. Cependant, les nombreuses références bibliographiques aux différents domaines de la psychologie, mais aussi à la philosophie et aux sciences humaines, rendront ce livre utile aux chercheurs non familiers avec ce domaine.

■ Joël Dolbeault

Anna Lowenhaupt Tsing (dir.)

Notre nouvelle nature

Guide de terrain de l'Anthropocène. Traduit de l'anglais (États-Unis) par Philippe Pignarre et Isabelle Stengers. Seuil, « Écocène », 2025, 528 pages, 25 €.

■ Si les précédents travaux d'Anna Tsing et son équipe ont déjà fait date dans l'anthropologie contemporaine, *Notre nouvelle nature* marque cependant une étape décisive. Cette somme articule monographies et réflexions théoriques dans un manifeste épistémologique invitant à repenser l'Anthropocène. Pour ce faire, les autrices proposent de partir du concept de *patch*. Par *patch*, elles définissent ces lieux où se manifestent les « effets féraux » de l'Anthropocène – des situations où les processus naturels perturbés par l'humain échappent à tout contrôle. Tout l'enjeu pour comprendre le global est, selon elles, de s'attacher à décrire ces lieux et d'articuler les échelles locales et planétaires sans céder à la fascination de la modélisation. Il s'agit d'un parti pris épistémologique ambitieux qui puise dans les théories féministes et décoloniales pour penser un empilement des savoirs et préserver une compréhension de l'Anthropocène dans toute sa complexité, en évitant l'écueil d'une uniformisation des modes de connaissance du monde. En cartographiant ces « *patchs* anthropocéniques », l'ouvrage déploie une critique matérialiste des infrastructures impériales et industrielles particulièrement convaincante. Au-delà du diagnostic, c'est une proposition reconstructive qui émerge : celle d'une écologie politique attentive au particulier, aux histoires qui se rencontrent et aux ruptures systémiques. Un guide indispensable pour qui veut comprendre notre condition terrestre. À lire en complément de l'*Atlas féral* (Wildproject, octobre 2025), dans lequel les autrices mettent en œuvre cette nouvelle épistémologie qu'elles appellent de leurs vœux.

■ Alan Lebecque

Agnès Sinaï (dir.)

Écologie des biorégions

Terre urbaine, « La Fabrique de territoires », 2025, 220 pages, 20 €.

■ Cet ouvrage collectif offre une plongée stimulante au cœur de l'actualité de la pensée biorégionale en France. En proposant une synthèse claire, accessible et résolument tournée vers l'action, il apporte un éclairage précieux sur la pertinence et la faisabilité du biorégionalisme aujourd'hui. À travers des contributions variées, il démontre tout le sérieux et la maturité de cette démarche qui allie profondeur théorique et expérimentations situées. La première partie actualise les fondements théoriques du biorégionalisme en lien avec les questions qui traversent le champ de l'écologie politique française. Elle constitue une mise à jour bienvenue pour celles et ceux qui suivent déjà ces travaux, tout en offrant une porte d'entrée accessible pour celles et ceux qui découvriraient à cette occasion le biorégionalisme. Nous avons été particulièrement convaincus par les nombreux entrelacements avec la pensée d'Anna Tsing et les théories décoloniales. La suite de l'ouvrage donne à voir une pensée vivante et opérante en enrichissant cette base conceptuelle d'exemples concrets, d'initiatives de terrain et de retours d'expérience. Cet ouvrage collectif est caractérisé par la multiplicité des voix qui le composent et qui reflètent la richesse d'un biorégionalisme en actes où l'on perçoit toute la diversité écologique, sociale et culturelle des territoires. Cette pluralité est l'une des grandes forces de l'ouvrage qui s'inscrit dans la continuité des travaux antérieurs des contributeurs, tout en les complétant utilement. Il s'agit en somme d'un essai rigoureux, inspirant et profondément ancré dans les territoires et les enjeux de notre temps.

■ Alan Lebecque

Olivier Garraud

Soigner en chrétien

L'éthique de la santé. Éditions de l'Emmanuel, 2025, 288 pages, 16 €.

■ Professeur des universités en médecine, engagé autour des enjeux de transfusion du sang et fortement mobilisé par les questions d'éthique, Olivier Garraud propose dans cet ouvrage très personnel le parcours de ce qu'il appelle, sans plus de précisions, le « médecin chrétien ». Il explore les différentes terres où l'éthique vise à éclairer les situations très concrètes, trouvant l'une de ses racines dans le christianisme. L'auteur explicite son intention : « Amener le lecteur à saisir à la fois la beauté de l'éthique en tant qu'exercice quotidien de la philosophie dans le domaine du soin [...] et sa complexité quand il est question d'éclairer le patient dans sa prise de décision, quand il en est capable, et dans les choix des solutions les plus respectueuses quand il n'en est plus capable » (p. 22). Dans cet esprit, l'on rencontre alors des questions concernant le soignant en régime de laïcité, la distinction entre déontologie et éthique, ou le statut de l'éthique des comités *versus* l'éthique clinique. L'ouvrage, petit manuel du praticien éthique, ne discute pas ce qu'il faut entendre par « soigner en chrétien », étrange formule, ni « l'éthique médicale chrétienne » (p. 45), laissant donc en suspens le fait de savoir à qui cet ouvrage s'adresse. Il s'agit plutôt d'une évidence existentielle pour l'auteur. De ce fait, le propos s'apparente à un témoignage, parfois véhément, fruit d'une longue confrontation avec la réflexivité éthique en contexte médical.

■ Jean-Philippe Pierron

Clémence Guillermain

Le vieillissement n'est pas une maladie

Presses universitaires de France, « Sciences dans la cité », 2025, 240 pages, 17 €.

■ Le vieillissement de la population est une tendance de fond, en France et dans les pays industrialisés. Ce livre conduit le lecteur dans une exploration de l'étude de ce phénomène par la biologie. Pour comprendre ce qui est en jeu, Clémence Guillermain analyse le « style de pensée » de la communauté scientifique dans ce domaine : la sémantique, les références communes, les représentations qui inspirent les raisonnements. Elle met au jour l'emploi récurrent de termes flous et ambigus pour décrire et qualifier le vieillissement (comme « usure », « erreur », « maladaptation » ou « fragilité »). L'autrice n'y voit pas une faiblesse ou un manque de maturité de la discipline mais, au contraire, une approche féconde de la complexité, ouverte à de multiples interprétations et lançant des ponts entre les savoirs. Ces « notions pivots » sont autant d'outils intellectuels aussi efficaces que surprenants.

■ Louis Costa

Michel Foucault

Les hermaphrodites

Texte établi par Henri-Paul Fruchaud et Arianna Sforzini. Préface d'Arianna Sforzini et postface d'Éric Fassin. Gallimard, « Bibliothèque des histoires », 2025, 160 pages, 16 €.

■ Ce manuscrit au statut incertain – chapitre de l'*Histoire de la sexualité* ou amorce d'un livre à part entière, mais lequel ? – aurait sans doute été remanié par son auteur, s'il l'avait publié. À l'origine, le choix du statut et le mélange des qualités : quand l'anatomie était indécise, le droit permettait à un individu de décider de son sexe, homme ou femme ; mais à côté de ce régime binaire régnait un imaginaire du « monstre », les hermaphrodites incarnant la transgression de natures qu'on voulait distinctes. À partir du XVIIe siècle, l'hermaphrodisme entre dans un autre régime : les médecins s'attachent à isoler les critères d'un sexe vrai derrière les hésitations de la nature, provoquant un décrochage d'avec l'imaginaire ; la sexualité, autrefois attachée au statut, s'autonomise pour devenir un foyer d'expérience individuelle, évidence irréfutable d'un sujet de désir. Sous cet aspect, ce « n'est pas l'anatomie qui fait le destin, mais un certain mouvement dans l'âme ». La suite est plus attendue, montrant la pathologisation des questions sexuelles, à partir du XIXe siècle, sous l'angle de la « perversion », dans la médecine et le droit. Malgré son inachèvement, la magie de la petite musique foucaldienne fonctionne dans cet inédit. Elle tient au voisinage d'un historicisme radical et de son contraire : d'un côté, les faits, notamment scientifiques, apparaissent comme arbitraires ; de l'autre pourtant, chaque configuration historique est minutieusement décrite dans sa nécessité. C'est l'art du découpage qui fascine chez Michel Foucault (1926-1984), au point que l'on se demande comment il aurait décrit, lui, les dernières mutations du *Sexe des Modernes* (d'Éric Marty, Seuil, 2021).

■ Paul Cournarie

Patrick Cabanel

Un village sous la Révocation de l'édit de Nantes

Passés / Composés, 2025, 288 pages, 21 €.

■ Le dernier livre du grand spécialiste du protestantisme en France, Patrick Cabanel, s'intéresse à la révocation de l'Édit de Nantes (1685), vue depuis un village des Cévennes, Saint-Germain-de-Calberte, situé aujourd'hui en Lozère. L'auteur propose d'écrire une histoire de la Révocation à hauteur d'hommes, en observant les bouleversements introduits par ses mesures politiques et juridiques dans la vie des habitants de la communauté. C'est le premier mérite de cet ouvrage que de donner à voir les destins percutés par l'interdiction de leur culte et de leur foi. L'historien rend un nom et un visage aux hommes et aux femmes éprouvés par les contraintes, les persécutions et les menaces, à l'instar de Jean André, victime d'une tragédie faisant écho en Europe. La pression des catholiques, qu'il s'agisse de la très entreprenante marquise Marie-Félicie de Budos de Portes ou de l'abbé François de Langlade du Chayla (celui dont le meurtre, le 24 juillet 1702, annonce le début de la guerre des Camisards), violente les chairs et force les esprits pour obtenir des conversions. La plupart se convertissent, certains avec entrain, d'autres du bout des lèvres, d'autres encore préfèrent l'exil, dans la Confédération helvétique ou en Prusse. Ces exils rappellent le drame de la Révocation, dont Cabanel montre les trajectoires humaines liant Saint-Germain-de-Calberte au Refuge protestant. C'est le deuxième mérite de ce beau livre de revenir sur ce qui constitue un lieu de mémoire protestant et français. Il l'est par sa dimension exemplaire, reflétant les heurts subis par une minorité religieuse soumise à un régime d'oppression. Il l'est, avant tout, par la tradition de résistance qui fait, de ce village et des Cévennes protestantes, une terre de refuge.

■ Jean Sénié

Vinciane Pirenne-Delforge

Daimôn

Modalités de l'action des dieux en Grèce ancienne. Belles lettres, « Docet omnia », n° 10, 2025, 340 pages, 18 illustrations, 25 €.

Dans un ouvrage issu de ses cours au Collège de France (2019-2020), Vinciane Pirenne-Delforge explore la notion complexe de *daimôn* dans le monde grec ancien. Le *daimôn*, dans cet ouvrage, n'est ni traité comme un démon au sens contemporain, ni comme une catégorie de Dieu secondaire : l'autrice propose plutôt une réflexion sur les modalités d'action des dieux en Grèce ancienne, faisant du *daimôn* un « réactif » de la puissance d'intervention divine dans le monde des hommes. Partant des textes d'Homère, puis d'Hésiode, mais aussi de la poésie mélique et des textes tragiques (dans les quatre premiers chapitres), l'autrice montre que les *daimones* sont parfois des agents, parfois des manifestations, toujours des vecteurs du divin, localisés dans le monde humain. Le *daimôn* est donc moins une entité fixe qu'un signe, une présence. Pirenne-Delforge montre que le *daimôn* est aussi un agent divin distribuant biens et maux, l'alternance de ceux-ci définissant la condition humaine. Cependant, dans la pratique religieuse concrète, les *daimones* ne sont que rarement l'objet direct de cultes : les Grecs nomment précisément leurs dieux, ce qui n'est pas possible avec les *daimones* en raison de leur statut imprécis. Seule exception, l'*agathos daimôn*, associé à Zeus ou Dionysos, figure bienveillante et liée à la prospérité, est parfois honoré localement. L'ouvrage restitue avec rigueur la place de cet objet dans la pratique religieuse grecque. La « clé démonique » ouvre les portes d'un monde : celui des dieux et des hommes et l'inépuisable variété des paysages polythéistes.

Julien Menzat

Theodor Wiesengrund Adorno

Désir autoritaire

Traduit de l'allemand, annoté et postfacé par Marie-Andrée Ricard. Préface de Johann Chapoutot. Éditions Rue d'Ulm, « Versions françaises », 2025, 144 pages, 14 €.

Comment peut-on être fasciste ? C'est à ce problème que Theodor Wiesengrund Adorno (1903-1969) a consacré ses derniers efforts, des *Études sur la personnalité autoritaire* (traduction française, Allia, 2017) à ce séminaire inédit, prononcé en Allemagne, dans un contexte de recrudescence de l'antisémitisme. Pour lui, l'intérêt seul ne permet pas d'expliquer ce désir autoritaire, puisqu'il s'accompagne souvent de la glorification du sacrifice. Il faut lui corréler une psychologie particulière, fondée sur un rapport « pathique » aux préjugés. Nous en avons tous, et les préjugés sont un paramètre inéliminable de notre existence, mais les personnalités attachées à l'autorité se distinguent par leur incapacité à les remettre en cause, même lorsqu'ils sont démentis par la conscience du contraire ; un enquêté explique ainsi que « le Français est débraillé », avant de dire : « De manière générale, j'ai rencontré de l'ordre et de la propreté » en France. D'où les solutions proposées, qui consistent à éduquer la sensibilité des individus de manière à conjurer l'endurcissement des préjugés. Pour autant, à lire les anthropologues, l'insensibilité au principe de contradiction est un invariant de certains types de propositions. Et s'il est vrai que, partout et tout le temps, les « faits ne pénètrent pas dans le monde de nos croyances » (Marcel Proust), il est illusoire de penser les dissiper par l'éducation. En somme, l'intérêt de ce texte, évident par ses parallèles avec notre actualité, est d'autant plus aigu que ses perspectives pratiques sont aporétiques. La question d'Adorno, c'est encore la nôtre, sans que nous ayons plus que lui de solution.

■ Paul Cournarie

Jean-Baptiste Duroselle

Cahiers de l'été 1944

Édition établie et présentée par Laurence Badel. Gallimard, « Témoins », 2025, 208 pages, 17 €.

■ En août 1944, le mois de la Libération, un jeune agrégé d'histoire de 27 ans, marié et père de deux enfants, en vacances dans la maison familiale d'Auvergne, noircit deux cahiers d'écolier : « J'ai besoin d'exprimer ma rage, un besoin violent et inexorable. » C'est par ces mots que Jean-Baptiste Duroselle (1917-1994) qui, à la suite de Pierre Renouvin (1893-1974), allait devenir le maître incontesté des études d'histoire des relations internationales dans la seconde moitié du XXe siècle, introduit ces notes soigneusement rédigées, entre le récit et l'essai, certes d'un témoin en colère mais qui ne se départit pas des qualités d'analyse et d'exposition qui font l'historien. Ce texte inédit est d'une lucidité impitoyable sur l'État français finissant et la nocivité complexe d'un maréchal qui a servi de paravent à toutes les turpitudes de la collaboration. Il ouvre aussi, entre autres, des perspectives inattendues sur le rôle des communistes dans la Libération, examiné avec une certaine sympathie et des réserves. Il est écrit à la première personne, mais l'auteur se dit poussé par « l'âme de la France qui s'exprime par mille autres voix que la sienne ». Il s'adresse « à tous ses frères de pensée et de vie » qui, depuis quatre ans, luttent contre l'humiliation en gardant foi dans la victoire, malgré les doutes. Rédigés en une quinzaine de jours, avec une pause au moment de la Libération de Paris le 23 août (car c'est, pour le jeune homme, comme « un trop-plein d'oxygène »), les cahiers laissent apercevoir l'itinéraire de l'auteur, de Pétain à de Gaulle, mais dans la même exigence morale de « résistance aux Boches » et de rétablissement de la démocratie. Réquisitoire contre le premier, espoir dans le second. Duroselle se risque même à l'histoire fiction en produisant le discours que Pétain « aurait pu » adresser au peuple français après le débarquement du 6 juin 1944, reconnaissant qu'il s'était trompé et l'invitant, au nom de l'intérêt national et des principes qu'il a toujours défendus, à se rallier au seul gouvernement effectif de la France, celui du général de Gaulle.

■ Michel Sot

PHILOSOPHIE

Jérôme Roudier

Machiavel par lui-même

Presses universitaires de France, 2025, 288 pages, 22 €.

■ Jérôme Roudier propose une relecture stimulante des textes de Nicolas Machiavel (1469-1527), en rupture avec le cliché du « réaliste cynique ». Selon lui, Machiavel n'a pas cherché à fonder une philosophie politique – contrairement à ce que soutiennent Leo Strauss et Pierre Manent – mais s'adresse à ses concitoyens, à partir d'une expérience concrète de l'exercice du pouvoir, dans une culture et un moment singuliers. Roudier insiste ainsi sur la cohérence d'une pensée ancrée dans l'action et orientée vers elle. Dans les deux œuvres qui servent de matériau principal à cette étude, *Le prince* (1532) et les *Discours sur la première décade de Tite-Live* (1517), Machiavel ne vise pas d'abord à saisir l'essence du politique : il propose des raisonnements opératoires dans un monde traversé par l'irrationnel. Ces textes constituent deux programmes distincts mais ordonnés à une même finalité : le renforcement et l'indépendance de Florence, prise en étau dans une péninsule italienne alors champ et enjeu des rivalités entre grandes puissances. Acteur et théoricien de la science politique plutôt que philosophe, Machiavel esquisse, selon Roudier, un programme où Florence se voit assigner un rôle central dans l'unification italienne. Loin encore de l'interprétation straussienne, qui fait de Machiavel un auteur dissimulant sa pensée sous la contrainte, Roudier le lit comme un historien et un responsable engagé, décrivant les drames tragicomiques de son temps. Cette approche rejoint une perspective littéraire et italianisante, telle qu'on la trouve chez Jean-Louis Fournel et Jean-Claude Zancarini. L'ouvrage met en lumière une tension constitutive de la modernité politique : refuser l'inacceptable tout en visant des objectifs atteignables. Machiavel apparaît, dès lors, comme le penseur d'un « pragmatisme idéaliste », dont la finalité est de rendre la politique efficace sans renoncer à transformer la réalité. L'ouvrage structuré suivant les textes qui servent de point d'appui est bien construit et se lit facilement.

■ Yves Vendé

Véronique Albanel

Le Christ d'Albert Camus

Desclée de Brouwer,
2025, 208 pages, 18,90 €.

■ Prenant appui sur l'œuvre entier, notamment les *Carnets* d'Albert Camus (1913-1960), la philosophe Véronique Albanel entend serrer au plus près les contradictions et les tensions sans tenter d'obtenir une réponse définitive alors que le travail en projet était en plein essor, tranché précocement par l'accident mortel. Comment Camus peut-il insister sur son attachement à la personne du Christ, en particulier le Christ supplicié, frère de tous les souffrants, alors qu'il ne croit pas à sa résurrection, fondement de la foi chrétienne ? Ce paradoxe et d'autres énigmes retiennent son attention : cet écrivain épris de la mesure grecque prône la démesure de l'amour ; ce servant du bonheur solaire affirme qu'« il y a de la honte à être heureux tout seul ». Aujourd'hui Albert Camus se révèle plus présent que Jean-Paul Sartre, sans doute parce que, chez lui, l'expérience a pris le pas sur la théorie. Morale sans « moraline », terme utilisé par Friedrich Nietzsche pour désigner la morale chrétienne, culpabilisante et bien-pensante. Son exigence se nourrit de la Bible, des Pères de l'Église, de saint Augustin, de Blaise Pascal, des amis (le résistant fusillé René Leynaud, René Char). Camus veut faire son métier d'homme et d'artiste, cultiver la beauté sans jamais oublier *la peste*, ni le mal, ni le malheur. Son sens aigu de la solidarité ici et maintenant l'entraîne à refuser un Royaume qui ne serait pas de ce monde. L'essayiste ne simplifie pas la complexité de la posture mais trace le portrait attachant d'un écrivain partagé et partageur.

■ Colette Nys-Mazure

Astrid von Busekist

L'ère des impostures

Contre la tyrannie des identités. Albin Michel, 2025, 272 pages, 21,90 €.

■ Astrid von Busekist est professeure d'Humanités politiques à Sciences Po, une approche pluridisciplinaire de la réflexion politique dont son dernier livre donne un brillant exemple. Notre société contemporaine est paradoxale, car elle célèbre deux valeurs contradictoires : d'un côté, la liberté individuelle de choisir sa propre identité et, de l'autre, le droit des groupes de délimiter leurs frontières et donc d'exclure les individus qu'ils considèrent comme étrangers. Genre et « race » sont généralement définis par les sciences humaines comme des constructions sociales subjectives et non comme des réalités biologiques objectives. Pourtant, alors que les individus sont de plus en plus libres de demander à être considérés comme homme ou femme, ceux qui prétendent intégrer une « race » ou une ethnie éloignée de leurs origines sont rejetés dans la catégorie honnie des « imposteurs », tel Coleman Silk, le héros de *La tache* de Philip Roth (2000 ; Gallimard, 2002), un Noir se faisant passer pour Blanc et Juif, ou inversement Rachel Dolezal, une Blanche qui affirme être Noire. Hannah Arendt (1906-1975) appartient à une catégorie plus ambiguë, considérant que son statut marginal de Juive l'autorisait à mieux comprendre la discrimination infligée aux Noirs. Ainsi, le cas des individus conscients d'être des imposteurs, ou considérés comme tels, incite les groupes à protéger leur identité collective en se rigidifiant. L'auteur conclut sur un éloge de la modération : la liberté de se définir doit avoir pour limite l'exigence supérieure de vérité et les groupes doivent maintenir leurs frontières tout en autorisant une certaine mobilité individuelle.

■ Philippe Ribéreau-Gayon

Bruce Bégout

La pensée mersive

De l'ambiance à l'affinité.
Presses universitaires de France, 2025, 176 pages, 19 €.

■ Phénoménologue, spécialiste d'Edmund Husserl (1859-1938), Bruce Bégout poursuit dans cet ouvrage l'étude du concept d'ambiance, ouvrant la voie d'une écophénoménologie. Avec une grande rigueur conceptuelle, nourrie d'une non moins grande inventivité lexicale, il met au banc d'essai l'appartenance concrète au monde vécu, pensée non seulement comme une immersion, mais comme une « mersion ». Il oppose ainsi deux manières de se rapporter au monde : le « jectif » et le « mersif ». Le mode jectif (projectif) est celui d'une conscience qui se met au dehors du monde pour se le représenter et le maîtriser jusque dans la séparation délétère du temps présent. Le mode mersif part d'une dimension ambiantielle et des affinités avec un autour pour (se) décrire à partir d'elle. Cette distinction sert de fil de rasoir pour se confronter à d'autres concepts candidats pour penser et éclairer la mersion : le climat donnant l'occasion de relire Hippocrate ; le milieu (ou *Umwelt*) au sens de Tetsuro ; le paysage pour étudier si on y est devant ou dedans ; l'aura dans une discussion de Walter Benjamin. Cette traversée donne de quoi éclairer l'épreuve écologique du monde. Le mersif, comme régime d'expériences, donne de « sentir de manière non intentionnelle notre appartenance primitive au monde, notre être-commun auquel nous participons notamment par notre capacité à ressentir des ambiances » (pp. 265-266). Un livre précieux parce que précis, qui ne confond pas l'immersion dans la nature avec une entente forcément heureuse ; mais qui s'oppose à la grande séparation du moment extractiviste.

■ Jean-Philippe Pierron

Sophie Nordmann

La vocation de philosophe

Puissance de la mise en question. Calmann-Lévy, 2025, 300 pages, 20,90 €.

« Il suffit que nous parlions d'un objet pour nous croire objectifs », écrivait Gaston Bachelard (1884-1962). Assurément, impatients de savoir, nous figeons précipitamment nos propos et suturons nos questions par des réponses prématurées, risquant de succomber bientôt aux emprises idéologiques, aux pétrifications dogmatiques sourdes au questionnement, à la brèche, à la respiration qu'une pensée autre saurait permettre. Dans son remarquable travail, Sophie Nordmann rappelle précisément que le nerf de la philosophie a toujours résidé dans une « puissance de la mise en question » par laquelle le désir de vérité, se redoublant par l'exigence d'être un désir *vrai*, travaille à se libérer des illusions et des carcans qui l'étouffent, s'interdisant de croire parfaitement atteinte une vérité par quelques côtés toujours manquante. Nous connaissons la philosophie par le foisonnement de ses productions, de ses « dits ». Mais il est essentiel d'éprouver et d'être éprouvé par le « vif » du philosopher, par son « dire » qui est un « faire » : l'expérience philosophique véritable nous ébranle, nous altère, nous transforme, nous renouvelle. L'autrice montre comment la *maïeutique* socratique, le *doute* cartésien, la *critique* kantienne et la *généalogie* nietzschéenne constituent des pratiques déterminantes de la mise en question, contribuant à accroître la lucidité de la pensée sur elle-même, ses limites, sa portée, sa réelle puissance. Et, en symétrie avec le premier chapitre analysant la vocation socratique éveillée par l'oracle de Delphes, elle conclut à la valeur *prophétique* de la philosophie, « briseuse d'idoles ». Un ouvrage extrêmement précieux pour sa lumineuse pédagogie et l'acuité de son propos.

Gildas Labey

MONDE

Aurélie Stern

Turquie-Azerbaïdjan 1990-2023

La danse des loups gris. Maisonneuve & Larose – Hémisphères, 2025, 320 pages, 24 €.

Dans cet ouvrage, fruit d'une enquête de terrain en Turquie et en Azerbaïdjan, Aurélie Stern s'intéresse aux différentes déclinaisons du panturquisme, et plus particulièrement à ses manifestations contemporaines entre la Turquie et l'Azerbaïdjan, depuis l'effondrement de l'Union soviétique. Le livre est construit autour de l'idée que les nationalistes turquistes – symbolisés par le « loup gris » – constituent un élément clef dans la construction, la diffusion et l'influence idéologique de ce projet identitaire transnational. Dans la suite des travaux du géographe récemment disparu Étienne Copeaux (1947-2024), l'autrice mobilise des approches historiques, sociologiques et anthropologiques : elle analyse à la fois les idées, les stratégies politiques et culturelles, les discours, mais aussi les pratiques (activités militantes, médias, production symbolique). L'autrice poursuit son étude sur les relations culturelles entre la Turquie et les républiques turciques ex-soviétiques (1990-2019), avec un focus plus précis sur le rôle des réseaux militants et idéologiques dans le temps long. Elle met en évidence les enjeux, mais aussi les difficultés rencontrées sur le terrain. Les résultats de son enquête permettent de tordre le cou à la prétendue toute-puissance des réseaux panturquistes, aussi bien en Turquie qu'en Azerbaïdjan, tout comme leur prétendue homogénéité. Cette démarche utile et dépassionnée apporte de la nuance à la complexité des relations entre les deux pays turcophones.

■ Tigrane Yégavian

Karine Sitcharn

Gouverner la jeunesse

De Gaulle et l'ambition impériale. 1954-1974. France, Algérie, Antilles.
Gallimard, « Connaissances », 2025, 432 pages, 4 illustrations, 24,50 €.

■ Cet ouvrage au titre ectoplasmique est le fruit d'une thèse en Histoire contemporaine. Il en a les qualités (rigueur, précision des sources documentaires, distanciation) et les inconvénients (une certaine pesanteur, bien allégée cependant par une écriture limpide). Le fil rouge en est la montée de la conscience révolutionnaire de jeunes Antillais plongés dans le mouvement de décolonisation, le début de la guerre d'Algérie et la politisation, dans l'Hexagone, des étudiants de cette époque. La conscience de la jeunesse antillaise est imprégnée par les idéologies portées par les intellectuels de la décolonisation, dont l'ethnologue français Michel Leiris, le Martiniquais et Algérien d'adoption Frantz Fanon et le Martiniquais Aimé Césaire. Dans le volet politique de cette histoire apparaissent les manœuvres et les réseaux de Jacques Foccart, conseiller de l'Élysée pour les Affaires africaines et malgaches. Pour la plus grande satisfaction du lecteur, l'autrice met au jour des archives, restées secrètes, de cette éminence grise, qui a su mêler adroitement ses intérêts commerciaux personnels et ses conseils politiques (mélange dont le général de Gaulle était conscient). En mettant l'accent sur l'aspect « socioracial » de cette histoire des mentalités, l'historienne s'inscrit dans le courant historiographique actuel qui, sans les ignorer, a su prendre du recul face aux résidus coloniaux de son terrain d'étude.

■ Étienne Perrot

Lan Jiang Fu

Confucius revisité

Du marchand confucéen à l'entrepreneur du XXIe siècle. Le phénomène rushang dans la Chine contemporaine.
Maisonneuve & Larose – Hémisphères éditions, « Asie en perspective », 2024, 328 pages, 28 €.

■ Lan Jiang Fu propose ici une version remaniée de sa thèse, soutenue en 2021 à l'université Paris – Cité, après des années de « terrain » en Chine. Le terme *rushang* désigne, depuis le XIIIe siècle, la figure de l'entrepreneur confucéen et, depuis les années 1990, un phénomène émergent reflétant l'archipélisation de la tradition confucéenne. En effet, qu'il s'agisse de la formation (*jiaohua*), de l'invitation à une éthique entrepreneuriale, de la promotion de la médecine traditionnelle ou d'écologie, les *rushang* adoptent des pratiques dites confucéennes, reconstruisant des valeurs traditionnelles, la piété filiale (*xiao*), l'humanité (*ren*) et le sens des rituels (*li*). L'émergence des *rushang* s'inscrit en Chine dans un double cadre : l'essor économique depuis 1978 et la lointaine tradition historique, d'une part, les gains d'influences socioéconomiques entrant en compétition avec l'héritage confucéen, de l'autre. Lan Jiang Fu examine les interactions entre les *rushang* et l'administration, ainsi qu'avec plusieurs intellectuels chinois tels que Tu Wei-ming, Li Honglei et Chen Lai. Elle décrypte enfin les relations entre le pouvoir politique et les *rushang*. Cet ouvrage se situe à la croisée de l'histoire économique, des études de terrain, notamment sur le Forum *rushang* de Bao'ao, et de l'analyse de textes politiques et philosophiques. Il propose une vision interdisciplinaire d'un phénomène échappant aux catégories occidentales conventionnelles. Ce livre captivera un public curieux de la culture chinoise, les spécialistes de la Chine contemporaine et les acteurs économiques désireux de comprendre un univers mental différent.

■ Yves Vendé

Nasser Abu Srour

Je suis ma liberté

Traduit de l'arabe (Palestine) par Stéphanie Pujols. Gallimard, « Du monde entier », 2025, 304 pages, 22,50 €.

■ Fulgurant. Agaçant, parfois. Ce récit fait date. Le militant palestinien, originaire du camp de réfugiés d'Aïda (Bethléem), raconte trente années de détention dans les prisons israéliennes. Sans qu'il n'en soit jamais question directement, sans que cela soit débattu, il purge une peine à perpétuité pour le meurtre d'un haut gradé de l'armée israélienne. Le cœur du récit, son intrigue, est d'inventer la « langue de la douleur ». Celle de l'enfermement d'un homme. Celle de l'enfermement d'un peuple. Mur de la prison. Mur de séparation entre deux peuples. Mur de verre d'un parloir où se trame un amour impossible entre le détenu et une avocate palestinienne plaidant en vain. Une langue sertie dans l'écrin d'une narration poétique qui vient de la longue tradition palestinienne. Honoré par une excellente traduction, ce récit revêt un caractère et un style uniques. Le mur de la cellule est métaphorique. Dialoguant avec la pierre, « poreuse », le narrateur déploie un récit des générations palestiniennes, au gré des deux intifadas et des espoirs déçus. Cette saga des générations a rarement été analysée avec une telle perspicacité. L'adversaire n'est pas uniquement Israël, mais aussi l'Autorité palestinienne qui, depuis Yasser Arafat (1929-2004), garotte la parole des jeunes palestiniens. Que reste-t-il alors ? L'amour, lui-même pris au piège du mur de verre du parloir. Distance infranchissable que les visites et le courrier ne peuvent vaincre. Séparation qui finit en rupture. Métaphore d'une Palestine tragique. Si la seconde partie du récit, sur le thème de l'amour, peut agacer par sa longueur et sa lenteur, il renvoie, volontairement sans doute, à l'interminable résilience du peuple palestinien.

■ Luc Pareydt

Christian Gollier

Économie de l'(in)action climatique

Presses universitaires de France, 2025, 460 pages, 25 €.

■ L'auteur (directeur de la *Toulouse School of Economics*) offre ici une vision libérale de la transition écologique. Ce point de vue procède d'un libéralisme social que Jacques Rueff (1896-1978) n'aurait pas renié, d'où impôts et subventions ne sont pas écartés, à condition de respecter les mécanismes du marché, considérant que la balance coûts et avantages est mieux servie par le marché que par l'économie dirigée. L'ouvrage se focalise sur la taxe carbone répercutée sur le consommateur, selon le principe pollueur-payeur, les producteurs d'énergie fossile étant réputés n'être que les sous-traitants des consommateurs. Le mérite de cette politique centrée sur la taxe carbone intérieure et extérieure est de ne pas occulter la diminution nécessaire du niveau de vie. La consommation des classes les plus riches se révèle moins polluante que celle des populations pauvres, plus consommatrices en produit de base. Il s'agira de compenser cette inégalité sociale en reversant le produit de la taxe carbone aux populations défavorisées. Outre sa contribution à la conscience aiguë de la nécessité d'agir, l'ouvrage critique les politiques écologiques axées sur la décroissance et – libéralisme oblige – celle de l'économie dirigée. L'auteur épingle enfin les multiples incohérences des actuelles politiques françaises et européennes.

■ Étienne Perrot

Didier Fassin

Leçons de ténèbres

Ce que la violence dit du monde. La Découverte, 2025, 324 pages, 22 €.

■ Tiré des cours donnés au Collège de France au printemps 2025, ce livre est le fruit d'un *hantement* : celui du monde par la violence. Dénoncée et discréditée lorsqu'elle est mobilisée par les faibles, tue ou justifiée quand elle est exercée par les puissants, omniprésente dans le monde, la violence reste pourtant peu pensée par les sciences sociales. La première partie de l'ouvrage interroge les fondements de ce paradoxe, dû à l'intérêt des chercheurs pour les structures et les permanences, quand la violence est rupture, comme à la diversité des sensibilités. La reconnaissance des violences varie suivant les cultures et les cadres où elle s'exerce. Le mythe d'un recul historique de la violence semble réducteur, car limitant la question aux agressions physiques dans le monde occidental, ce qui est devenu intenable à l'heure de l'offensive israélienne contre la bande de Gaza, arrière-plan de cette étude. Quelle difficulté, enfin, de définir un objet dont les formes (physiques, symboliques, structurelles, individuelles ou collectives) sont multiples ! Plutôt que d'opposer à ces manques un cadre théorique général, la seconde partie esquisse certaines des formes avec lesquelles les arts, les sciences humaines, les institutions et les engagements militants ont été confrontés à la violence, en privilégiant ses formes collectives. Comment décrire, représenter les faits de violence ? Comment les qualifier ? S'y opposer, pacifiquement ou violemment ? Il ne s'agit pas seulement ici de poser les enjeux éthiques et épistémologiques de ces questions. Leur exploration est aussi l'occasion d'effectuer un premier arpentage de la violence, d'ébaucher une cartographie de cette *terra incognita*.

■ Jean-Baptiste Georges-Picot

SOCIÉTÉ

Gérald Bronner

À l'assaut du réel

Presses universitaires de France, 2025, 304 pages, 22 €.

■ Le sociologue français ne croit pas exactement à la postvérité. L'époque serait plutôt entrée dans une postréalité, tant le contournement du réel est devenu le dénominateur commun de multiples traits qu'on aurait tort de croire disparates. L'auteur en présente l'histoire et les métamorphoses à travers notamment les slogans loufoques de Mai-68, l'horizontalisation de la pédagogie positive et bienveillante, les injonctions libératrices du développement personnel, le renoncement scientifique à l'universel sous le joug idéologique de la décolonisation des savoirs, les fuites (*hikikomori*) ou les évasions (*shifters*) offertes aux individus par les technologies du virtuel, l'utopie transhumaniste et la simulation informatique de mondes parallèles, les troubles et la fluidité identitaires… Sans doute l'humanité a-t-elle toujours cherché à plier le réel à ses désirs. L'homme est ce singe magicien virtuose dans l'exploration du possible. Mais désormais rien ne résiste à l'impérialisme de la pensée désirante, pas même la facticité du corps défaite par le nouvel impératif du ressenti. Le réel, qu'à défaut d'une analyse philosophique toujours incertaine, on ne saurait mieux définir que comme ce qui rend des coups, est contourné, corrompu, hybridé, mieux « ductilisé » selon l'expression favorite de l'auteur. Ainsi l'ouvrage, outre qu'il donne accès, de première main et toujours dans un registre descriptif, à des informations et des études très variées (neurosciences, sciences sociales, etc.), avec force chiffres et graphiques, a le double mérite inestimable de fonder anthropologiquement la sociologie de la modernité sur l'invariant de la pensée désirante et de faire de l'assaut du réel la clé de lecture du monde contemporain.

■ Laurent Cordemoy

Julien Meimon

Faim d'études

En finir avec la précarité étudiante.
Seuil, « Libelle », 2025,
96 pages, 6,90 €.

■ L'Europe semble obsédée par le vieillissement de sa population. Mais que dire d'un pays qui ne prend pas assez soin de ses étudiants ? Une partie importante de notre jeunesse n'a pas les moyens d'étudier dans de bonnes conditions et elle est parfois contrainte d'abandonner en cours de route. Pendant la pandémie de Covid-19, l'on découvrit de longues files d'étudiants attendant leurs colis alimentaires. L'excellent ouvrage de Julien Meimon, enseignant-chercheur en sciences politiques et acteur engagé contre la précarité étudiante, nous montre que si la pandémie a catalysé le problème, celui-ci vient de plus loin. Dans un travail sérieux et solidement référencé, l'auteur décrit cette « classe dangereuse » que l'on n'aide pas à vivre correctement. La massification de l'enseignement supérieur, dans un contexte de crise économique et de sous-investissement de l'État dans les universités, a créé une catégorie d'étudiants pauvres, comparable aux travailleurs pauvres (ou aux « nouveaux pauvres » des années 1990). Des jeunes non boursiers passent à travers les mailles d'un filet de solidarité sociale de plus en plus relâché. Ces jeunes ne peuvent ni emprunter pour financer leurs études, ni combiner petits boulots et formation. La démonstration de Meimon est imparable. Il déplore un gâchis conduisant le pays à son appauvrissement, à la perte de compétitivité et de créativité. Il est devenu urgent d'investir dans la jeunesse ! L'auteur donne des pistes : logements accessibles, allocations, changement de statut fiscal, autant de remèdes qui fonctionnent ailleurs… Reste à trouver la volonté politique de les appliquer.

■ Didier Pourquery

Sophie Cœuré

Georges Marchais ou la fin des Français rouges

Payot, 2025, 352 pages, 22 €.

■ Sophie Cœuré, historienne du monde soviétique et des gauches, s'attaque au « mystère Marchais ». Derrière l'épais vernis de petites et grandes histoires, de polémiques et de souvenirs d'enfance obscurcis par la culture communiste du secret, l'intimité de Georges Marchais (1920-1997), figure médiatique omniprésente, fuit le regard de l'historien. La question biographique devient historiographique : que reste-t-il d'un homme sans mémoires, sans autobiographie, dont la trace semble se confondre avec celle d'un Parti communiste français (PCF) qu'il incarna entre 1972 et 1994 ? Au-delà de la figure du tribun se dessinent les reliefs d'un « continent perdu » : le monde communiste. À partir d'archives inédites (notamment russes, polonaises et roumaines), Sophie Cœuré inscrit Georges Marchais dans l'histoire transnationale du communisme, révélant un homme intensément engagé dans deux mondes : celui du militant internationaliste, lié au Mouvement communiste international (MCI), et celui du patriote cherchant à bâtir un communisme « aux couleurs de la France ». Si certaines archives russes cruciales restent encore inaccessibles, ces sources nouvelles éclairent les coulisses d'une époque et d'un parti dont Marchais fut à la fois le moteur et le miroir. Elles permettent de repenser la place du communisme français dans le MCI. L'autrice retrace en cinq chapitres thématiques l'itinéraire d'un « homme comme les autres » : celui d'un ouvrier normand, attentiste projeté dans la Seconde Guerre mondiale puis, communiste, dans un monde bipolaire, dont il n'aurait jamais cru voir la fin. L'ouvrage de Sophie Cœuré clarifie une histoire proche, mais faussement familière, redonnant profondeur et complexité à un personnage devenu sa propre caricature, voix d'une France rouge désormais silencieuse.

■ Matteo Fourcaut

Jean-Claude Michéa

Conversations américaines

Entretiens avec Michael C. Behrent.
Albin Michel, 2025, 180 pages, 17,90 €.

■ Ce petit livre situe, dans le décor de l'actualité politique récente, les principales positions de Jean-Claude Michéa, cet intellectuel français inclassable. Venu du terreau communiste, critique de la dérive libérale (sur le plan économique) et progressiste (sur le plan culturel) de la gauche gouvernementale française depuis 1983, Michéa est la cible de toutes les attaques idéologiques dans l'éventail politique. Comme beaucoup d'intellectuels imprégnés de marxisme, l'auteur, que ses opposants qualifient de conservateur de gauche, est friand des relations sociales *archaïques* de proximité. Il baigne dans une sorte de socialisme libertaire fondé sur le respect de l'autorité, la tradition, la morale commune, *common decency* (George Orwell), relue à la lumière de Marcel Mauss. Les deux entretiens qui nourrissent cet ouvrage (le premier de 2025 ; le second, plus ancien, de 2019), permettent un intéressant parallèle entre la déliquescence de la gauche française et la perte d'influence du parti démocrate aux États-Unis. Des deux côtés de l'Atlantique, la classe ouvrière a été abandonnée au profit d'une classe moyenne supérieure, plus sensible aux thèmes prétendument progressistes (minorités, LGBTQIA+) et à la culture *woke*, opinions entretenues par une *intelligentsia* arrogante, très éloignée de la culture populaire et « qui se coule dans la culture universitaire de la destruction néolibérale du monde ». La cause de cette dérive se trouve, aux dires de l'auteur, à la fois dans la domination de la logique capitaliste, qui a subverti les partis de gauche par son culte de la croissance, et dans le déficit démocratique de la société libérale, marquée par l'abandon de la souveraineté populaire au profit de ceux qui parlent en son nom (juges, autorités intellectuelles, élites autoproclamées). Ce livre peut tenir lieu d'une – facile – introduction aux publications kaléidoscopiques de l'auteur.

■ Étienne Perrot

QUESTIONS RELIGIEUSES

Anne-Marie Pelletier

Vivre au risque de l'autre

La Bible contre l'identitarisme.
Desclée de Brouwer,
2025, 240 pages, 19,90 €.

■ Le christianisme est de plus en plus invoqué par des instances politiques au profit d'enfermements identitaires. Il devient un simple marqueur culturel qui sert à se démarquer d'autres groupes, voire à les rejeter. La bibliste Anne-Marie Pelletier s'emploie à opposer la voie des Écritures à cette conception fermée d'une religion qui se prétend chrétienne, si tant est que la Parole biblique est « accueillante au pluriel » et que sa sagesse est « à l'aise dans le multiple ». Penser l'avenir de l'Église doit nous inviter à repartir du Christ. Le parcours suit les grandes étapes de la Bible. Il commence dès la Création, la Genèse nous présentant un Créateur qui « fait advenir un autre que lui-même ». Mais, puisque l'altérité est souvent inquiétante, on voit très tôt, dans le mythe de Babel, le projet d'éliminer toute altérité. Au sein de l'humanité, l'altérité sera accentuée par l'« élection » d'Israël, sujet délicat, en particulier aujourd'hui. L'autrice rappelle que cette élection ne met pas un peuple au-dessus d'un autre, mais que sa visée est de rassembler toute l'humanité en maintenant ses différentes composantes. La Bible n'est pas naïve : l'exemple de l'Égypte montre que l'autre peut menacer son existence. Mais le conflit ne règle pas tout. Avant d'en venir à l'Évangile et à l'hospitalité que pratique Jésus, il faut rappeler que le christianisme n'est pas une création *ex nihilo* : « Être chrétien, c'est être précédé. » Cette dépendance interdit toute clôture. Écrit avec une grande clarté, ce livre nous ramène aux fondamentaux de la foi chrétienne, bien au-delà des « valeurs » auxquelles on voudrait la réduire.

■ François Euvé

Celia Deane-Drummond

Écothéologie

Traduction de l'anglais (Grande-Bretagne) par Amaury Le Bastard de Villeneuve et Xavier de Bénazé. Éditions jésuites, 2024, 366 pages, 29 €.

■ La théologienne britannique, directrice du *Laudato si' Research Institute* d'Oxford, est l'autrice de nombreuses publications théologiques en dialogue avec l'écologie. Le présent livre traduit un ouvrage de 2008, devenu une référence. Il s'agit d'un manuel présentant toutes les composantes de l'écothéologie contemporaine. Après un premier parcours des questions actuelles dans le champ écologique (climat, population, économie, etc.), quatre chapitres présentent les grands auteurs et courants par zones géographiques : Nord (Pierre Teilhard de Chardin, Matthew Fox, Thomas Berry, etc.), Sud (le « tournant écologique » des théologies de la libération), Orient (les théologies orthodoxes de Jean Zizioulas, Alexei Nesteruk, Kallistos Ware, etc.) et Occident (sur les situations sociopolitiques). Les chapitres ultérieurs sont thématiques – Bible, christologie, théodicée, spiritualité, écoféminisme, eschatologie – et présentent plus nettement la position de l'autrice. Réfléchissant sur la question du mal (« théodicée »), la théologienne se démarque de visions trop idylliques de la nature. Le livre se termine par une invitation à une mise en pratique. L'original remontant à 2008, plusieurs éléments apparaissent datés. Il n'empêche que ce livre, organisé de manière très pédagogique, accompagné de questions de reprise, ainsi que d'une riche bibliographie, est un précieux instrument de travail.

■ François Euvé

Haoues Seniguer

Dieu est avec nous

Le 7-Octobre et ses conséquences. Comment les religions islamique et juive justifient la violence. Le Bord de l'eau, 2024, 280 pages, 20 €.

Dans *Dieu est avec nous*, Haoues Seniguer propose une analyse sociopolitique des justifications religieuses invoquées à la suite des événements du 7-Octobre 2023. Refusant tout essentialisme, il examine la manière dont les acteurs – musulmans ou Juifs, Palestiniens ou Israéliens – mobilisent les symboles, les textes et les récits religieux pour donner sens à leurs positions politiques et morales. Dans une perspective webérienne, la religion est ici envisagée comme un « facteur à part entière » (p. 16) de l'action sociale et politique. L'auteur montre qu'elle n'explique pas mécaniquement les comportements, mais qu'elle formalise la rationalité propre des acteurs. À travers une minutieuse analyse lexicographique et discursive, Seniguer restitue les univers biographiques des protagonistes, la genèse de leurs discours et l'évolution de leurs prises de position. Son étude éclaire la manière dont des symboles comme la mosquée al-Aqsa ou la « Terre promise » deviennent des instruments de légitimation politique. Loin de réduire les discours religieux à des logiques identitaires, l'auteur met en évidence la diversité des interprétations présentes au sein de chaque tradition, les débats internes à chaque communauté, aussi bien juive que musulmane, ainsi que leurs ambivalences respectives. L'ouvrage accorde une attention particulière aux conséquences de la guerre à Gaza dans le contexte français, où se croisent les débats sur l'antisémitisme, l'islamophobie et la place de la religion dans l'espace public. Par une écriture rigoureuse et nuancée, Seniguer introduit à la complexité des appartenances croyantes et politiques sans céder à la tentation de la simplification.

Emmanuel Pisani

Brice Gruet

Le saint, le sang et le volcan

Se protéger des désastres à Naples. CNRS éditions, 2024, 224 pages, 25 €.

Brice Gruet propose, avec *Le saint, le sang et le volcan*, une enquête dense et érudite sur le culte de saint Janvier à Naples, envisagé comme un dispositif de protection contre les catastrophes, particulièrement face au Vésuve. Loin de réduire cette liturgie à une simple superstition, l'auteur refuse d'opposer foi et rationalité et invite à prendre au sérieux cet ensemble de pratiques, soulignant la superposition de divers « régimes de causalité ». Le sang du saint et sa liquéfaction miraculeuse au cours des processions jouent un rôle central ; le processus est un moyen de conjurer le désastre, à l'image de l'éruption de 1631, en même temps qu'il révèle l'état de la société napolitaine. L'auteur retrace ainsi l'histoire longue de l'évolution d'une liturgie marquée par des rivalités et des tensions entre institutions religieuses, civiques et populaires. L'ouvrage met également en lumière les jeux d'échelle propres à ce culte : enraciné dans le territoire napolitain, dans les pratiques ordinaires des habitants et à travers la présence dans l'espace urbain de monuments, il le déborde parfois, devenant le saint patron du royaume de Naples ou s'exportant avec la diaspora napolitaine dans le monde. Aujourd'hui encore, les Napolitains s'informent de l'état du sang du saint lors des processions régulières de saint Janvier dans la ville, mais la liturgie semble perdre de sa force mystique, devenant avant tout une nouvelle attraction au service du tourisme de masse.

■ Paul Leca

Jean-Arnault Dérens

Géopolitique de l'orthodoxie

De Byzance à la guerre en Ukraine.
Tallandier, 2025, 384 pages, 23,50 €.

■ La guerre en Ukraine a attiré l'attention sur les liens particuliers qu'entretiennent pouvoirs politique et religieux dans le monde orthodoxe, un monde qui s'est trouvé en première ligne des grandes invasions venant de l'est, des Mongols aux Ottomans. Si l'on ajoute l'héritage de la « symphonie » byzantine des pouvoirs, on comprend comment s'instaure un mode de fonctionnement où le religieux est dépendant du politique (qui le soutient et le défend). C'est le cas en particulier en Russie où l'institution ecclésiastique est devenue une courroie de transmission de la « verticale » du pouvoir, le patriarche répétant les « éléments de langage » du Kremlin. Mais les situations peuvent être très variées. Le livre se promène des Balkans au Caucase, en passant par la Grèce, la Roumanie... et, bien sûr, la Russie et l'Ukraine. La riche documentation de l'auteur permet de percevoir la grande diversité d'un monde orthodoxe fortement attaché à la dimension locale. D'où, à la fois, de nombreux conflits jusqu'au schisme et une forte nostalgie d'unité (« l'âge d'or » byzantin, largement mythifié). Par ailleurs, la confrontation avec l'islam n'a pas été que guerrière : il y eut plus d'échanges qu'on ne pourrait penser. En revanche, l'opposition à un catholicisme vu comme conquérant est un marqueur assez général. L'auteur reconnaît que l'orthodoxie est très « plastique ». Il faudrait évoquer aussi de grandes figures spirituelles et des penseurs qui ne sont pas tous réactionnaires. En conclusion : « L'orthodoxie a besoin de rompre avec toutes formes de collusion entre l'Église et les pouvoirs, entre la foi et les nationalismes. »

■ François Euvé

AU SOMMAIRE DU PROCHAIN NUMÉRO :

- **L'Asie centrale**
- **Les psychédéliques en médecine**
- **Les nouveaux baptisés**